英語が10倍面白くなる授業のネタ帳

角田竜二
Ryuji Tsunoda

文芸社

前書き

Ⅰ 弊本について

　この書物は、私が50歳近くになってから始めた英語の学び直しの間に実践してきた自主教材「英語講座」をモデルにして、加筆・修正したものです。日本人の生活の中にある、英語として認識されていない言葉や事物、現代人としてきちんと知っておくべき課題などを教材化し、授業で生徒たちに提示してきたものです。A4版330枚、総計1,300題を超える設問から60題ほどを厳選し、解答に加えて、読者の興味を引くような解説を詳しく記しています。そこにはあっと驚くような事実や薀蓄、英語の面白さなどが書き並べられています。英語関係者だけでなく、楽しい話題を探している人たちにも満足してもらえるような中身に仕上がっています。

Ⅱ この書物のねらい

「フリーマーケット」「スイートルーム」をそれぞれ英語にしてごらんと生徒に問うと、彼らは間違いなく free market、sweet room と答えます。正解はそれぞれ flea market、suite room です。「YシャツのYとは何か？」と問うと、間違いなく「アルファベットのY」だ、と答えます。正解は white shirt の white が高速発音された結果の「ワイ」です。こういった間違った認識をほじくり出し、真実を見せてやると、生徒はみな「へぇ〜っ！」と驚きます。ある意味で生徒たちが生まれ変わった瞬間です。こういう驚きには感動と学びが必ず伴います。

「虹」は rainbow ですが、この rainbow を象徴として展開されている運動があります。LGBTQ（性的少数者）の運動です。ここから、なぜ彼らの運動は rainbow を象徴としているのかを考えさせます。

班活動をします。解答を各班まとめて発表会をします。そして私が解説を加えます。これは本書の「社会問題編」の7番に載せています。また北九州最大の書店は井筒屋のQUESTですが、授業ではまずこれを question や DRAGON QUEST などと結び付けてやります。そしてこの quest が「何かターゲットを追い求めることである」と認識させます。そこで生徒に問います。「なぜ井筒屋は書店の名をQUEST としたのでしょうか？」と。ここでも班活動後に発表会を持ちます。解答解説は本書「雑学編」の10番です。ぜひ読んでください。

　英語に関連する生徒の間違った認識は生活のあちこちに転がっています。それを掘り起こし、本物の英語として再定着させてやることは英語教師の大切な仕事です。また、生徒の感性を揺さぶり、さらなる高みへと導いてやれる題材はどこにでも見つかります。

　それらを教材化できるかどうか。ここで教師の一つの力量が試されます。実にやりがいのある作業です。

Ⅲ 本書を読まれる人たちへ

　本書は英語教育に携わる教師、これから英語教育に携わろうとする人、英語に興味の深い一般の人、英語には興味はなくても、何か楽しい話題を欲している一般の人を対象に編集しています。

　授業開きや定期考査の答案返却後の余り時間、学期の押し迫った時期の授業や時間的に余裕の持てる授業日など、何かいつもと違う話題を生徒に提供したい時が、教師には必ずあるものです。本書を参考に何か工夫してみると、スパイスの効いた新たな時間が演出できます。生徒の食いつきも最高でしょう。また、これから教職を目指す大学生たちにも本書はさまざまなインスピレーションを与えてくれるはずです。文法や和訳する力はもちろん学校英語教育では求められますが、

あくまでも英語教育は子どもたちの生きる力に寄与しなければその意義の大部分を失ってしまいます。ぜひ若い人たちにも読んでもらいたいです。

本書で最も大事なのは、それぞれの設問の後に書かれている「解説」です。この解説の中にこそ、生徒に伝えたい重要な知識やメッセージが含まれているからです。一つの設問から環境問題、人権問題、ジェンダーの問題、LGBTQの運動、食育、親子のこと、高校生としての在り方などへどんどん話題が広がります。解説の中にこそ生徒にとって楽しく「アッ！」と言わせる事柄が満載されています。また、英語教師にとっても役立つ専門知識や蘊蓄が網羅されています。自分の言葉でしっかりと中身を豊かに工夫して生徒に解説してください。生徒の目が生き生きとしてきます。当然、英語関係者以外の人たちをも退屈させない中身になっています。

Ⅳ 教師とは

私は、教師は最高のエンターティナーでなくてはならないと思っています。エンターティナーは笑いと驚きと喜びと涙と感動を呼び起こすことのできる人のことです。そこに求められるのは深い知識と世の中を見つめる確かな目、どんどんフロンティアに挑んでいく勇気、即興性、話術、人間愛、人間力などが要求されます。これをもって臨めばどんな生徒の心でさえも開かせることができるはずです。私はそのような授業を目指し、実践をし、そして今なおその真っただ中にいるのです。

この自主教材を実践する中で出会った生徒からのフィードバックには、「私たちの知らないいろいろな大切なことを教えてくださってありがとうございました。先生の英語の授業がとても好きでした」に類するものが数多くあります。このような生徒からの反応に乗せられて

次々に新しい教材を作成していくのは実に楽しく充実しています。教職三十数年を務め、定年をもうすぐ目の前にして、私と英語教育は一番高いところまで来ることができたように思います。

V 最後に
　本書に登場する商品名は各社の登録商標です。また、商品名の由来には諸説があります。

目次

雑学編 ……………………………………………………… 11

1 サランラップの語源は？ － 親子をつなぐ魔法の授業、「名前」 11
2 スルーラックは何の薬？ － 日本社会に潜むかわいそうな英語たち 14
3 英語の宝庫、日本社会 － 身の回りに目を向けてみよう！ 17
4 XXXは何と読む？Oの意味は？ － Xの謎、Oのかわいらしさ 21
5 ニューヨークは「大きな何」？ － なぜshow-meは「疑い深い」？ 25
6 cats and dogsな雨って？ － 英語の世界の犬と猫 27
7 どちらが大でどちらが小？ － トイレいろいろ 30
8 不真面目に「きく」は？真剣に「きく」は？ － 育てたい生徒像 33
9 ダイヤモンドの価値を決める4つのCとは？
　　－ 実は5つ目のCが一番大事！ 36
10 「書店QUEST」はなぜ「QUEST」？ － 本を読める素晴らしさ 39
11 軍用イルカに求められている基準は？ － 悪ければ必ず治そう！ 42
12 世界三大穀類といえば？
　　－ そして人類を支える三つのミラクルフード 45
13 Every Jack has his Jill. の意味は？ － 韻好きの英語 48
14 "Ebony and Ivory"のモチーフは？ － 大好き！スティービー！ 51
15 指の話 － 仲間はずれだけど、大物の「親指」 54
16 僕らを正しく発音しろよ！
　　－ 日本人が正しく発音できないかわいそうな単語たち 58
17 数字の話 － 実は君らもよく知ってるんだよ！ 60
18 使われるアルファベット・使われないアルファベットは？
　　－ ワープロのキ―配列に潜む驚きと感動 63

生き物編 67

1 人間のベストフレンド、犬の分類、英語では？
　　― そしていろいろな生き物たち　67
2 水生の生き物、名前は？　― 人魚は女性とは限りません　70
3 なぜ、dropping ではなく、droppings ？
　　―「数」にうるさい英語の面白さ　73
4 なぜ犬は体を休める前にくるくると回転する？
　　― 発音にまつわる耳寄りな話　77
5 ぼくは誰？
　　― 英語の世界の動物たち。「ペンギン」を漢字で書いてみよう！　80

生活・習慣・食事・健康編 86

1 スマホなしの寝床＋いい睡眠＋朝ご飯＝健康な生活　86
2 見つけよう、あなたの適材適所　― 自らを語らずして何が教育か！　90
3 s・t・r・e・s・sは何の頭文字？　― 面白い単語たち大集合　94
4 留学中の日本人どうしは、なぜ日本語でしゃべるの？　98
5 shotgun weddingとは？　― 教師はどう考えるか　100
6 「タバコは百害あって一利なし」は英語で？
　　― 反社会的行為「喫煙」　102
7 loveとは「決して後悔しないこと」
　　― 愛咬を首筋に付ける高校生たち　106
8 親から子への最高のプレゼントは？　― 食育は親の大切な義務　110
9 リスペクトは「尊敬」ですか？　― それでは地球は救われない　112
10 コウノトリのデリバリーサービス？
　　―「妊娠」をいくつ英語で言えるかな？　115

11　「鳥と蜂」って何のこと？ － 恐ろしい性感染症と性教育　118
12　食べ放題レストランは英語で何という？
　　　－ 自制しなさい！couch potato になっちゃうよ！　120

社会問題編　124

1　セクハラ、Time is up！　124
2　discrimination、prejudice に満ちた国、日本
　　　－ ハーフ（ダブル）の活躍する時代だというのに　127
3　陶器は china、では漆器は英語で？
　　　－ 英語になった意外な日本語たち　131
4　homosexual（同性愛者）、別の英語で？
　　　－ 性的少数者の存在にきちんと目を向けよう　134
5　デンマークに学ぼう、環境問題 － クローズアップされる水問題　138
6　何の列？ － 豊かな視点を身につけよう　141
7　男性か女性か、性別の断定を不快に思うのは？
　　　－ 性的少数者とともに。rainbow flag が意味するものは？　144
8　注目しよう、プラスチック公害
　　　－ プラスチックは Don't ではなく Never です！　148

英語力強化編　151

1　Good morning は「おはよう」で「ござる」か？　151
2　イマジネーションで語彙を驚異的に増やそう！　154
3　「身体障がい者」は the handicapped？ The disabled？
　　　－ 現在分詞と過去分詞をどう教える？　157
4　極めよう "big" － Let's learn English rain or shine!　160

5　初めてのデート、送り出す言葉は？
　　　－「分かりません」では困ります　163
6　Z'sって？　－　朝が苦手な人に朗報です！　165
7　いろいろな遊びを英語で言おう　－「ネコのゆりかご」って？　168
8　「目じりにできるしわ」、英語では？　－　では「ほくろ」は？　172
9　最も偉大な -er とは？　－　気付いてましたか？　174
10　cross the river・go west・go home in a box……何の意味？　176
11　何にでもぶつかるhitさん　178
12　文句タレのカニとスーパースターの"-y"ちゃん　180
13　オリジナルの英文を生徒に読ませよう！
　　　－　教師の力量が問われます　184
14　位置関係を表す語句たちよ、頑張れ！
　　　－　生徒に何を伝えるための教材なのか、目的・目標を見失わないこと！　187
15　意外な意味を持つ基本語たち
　　　－　I am owed 10,000yenが訳せますか？　191
16　どこで間（マ）を取る？
　　　－　間違った英語の学び方に気がついたのが何と！大学時代!!　195
17　鶴首型物資高所運搬重機？
　　　－　先生、なんで俺ら英語を勉強せないけんの？　198
18　「Z」の世界　－　目指すべきゴール、そして謙虚さ　201

雑学編

1　サランラップの語源は？　－　親子をつなぐ魔法の授業、「名前」

「サランラップ」（Saran Wrap）というポリエチレン素材の食品保存用ラップ商品がありますね。実はこの商品名にある「サラン」は、この商品の開発者である2名のアメリカ人男性のそれぞれの妻の名前から取ったものです。さて、2人の妻の名前を当ててください。できれば英語で書こう！

＿＿＿＿　と　＿＿＿＿

正解：　サラ（Sarah）と アン（Ann）

解説：　正解を知らない人は、生徒も大人も、100％、「サラ」と「ラン」と答えます。見事なくらいにそう答えます。だからこれを出題するのがとても楽しいです。「サラ」は日本人名でも通用しますね。スキージャンプの第一人者である高梨選手は「沙羅」です。Sarah は聖書に出てくる Abraham の妻です。愛称は Sally となるそうです。「ラン」はなんとなく西洋的な響きがします。だから皆そう答えるのでしょうが、「ラン」は日本でしか通用しません。花の「蘭」から来ています。

　私はこの問題は本当に大好きです。私は最初の英語の授業では、決まって「名前」の話を一時間します。昔、「ゴダイゴ」というグループが、「Beautiful name」という歌を大ヒットと

11

せました。その一説に、Every child has a beautiful name という歌詞があるように、人の名前には、親の魂が込められています。「名前を媒体にして、子どもと親を結びつけてやろう」というのが狙いの授業です。

　麗子さんや玲子さん、礼子さんはいても、冷子さんはいません。ましてや、霊子さんがいるわけありません。京子さん、恭子さん、今日子さんはいても、凶子さんはいません。ましてや、狂子さんがいるわけありません。そんな話です。「なぜ女の子の名前には桃、梨、菜の文字が多いか知ってるか?」と、まさにその対象生徒に聞いても、その多くが「分かりません」と答えます。意外と自分の名前の由来を知らないのです。答えは、その花が美しいからです。梨の花は真っ白です。白のイメージを娘に期待する親が多いのです。「彩」「綾」が女の子に多いのは、この漢字は、美しい模様を表すからです。縦糸が娘で、横糸は出会う人を始めいろいろな経験を表します。そして最終的に美しい織物である人生が完成するというわけです。また、中には今ではあまり個性的でない、「古風」な名前もあります。「〜美」「〜子」のような名前です。その子たちに向かって私は、「もし自分の名前がありふれていて個性的でないと嘆いているような生徒がいたら、心配は要らない。たとえ名前に個性が感じられないと思っていても、親がその名前に込めた思いは世界唯一。君の名前はかけがえのない、世界にただ一つの美しい名前だ」と。また、「奈」も女の子に多いですが、「奈」は「奈落の底」の「奈」です。それ以外にははっきりとした意味を持たない漢字なのです。なのになぜ女の子の名前に多用されるのでしょうか。そこで正解を言います。「だってみんな、よく見てん。この漢字、むちゃくちゃ、かわいくね?」と落とします。

ここで生徒は大爆笑します。
　締めは、「今日家に帰ったら、自分の名前の由来を詳しく聞いてごらん。親はニコニコして話をしてくれるよ。名前の話をしたら、親のことをもっともっと好きになれるよ。そして親も君たちのことをますます好きになるよ」です。
　「名前の授業」は最高です。自分の2人の子どもの話も盛り込みます。50分が短く感じます。

2　スルーラックは何の薬？ － 日本社会に潜むかわいそうな英語たち

　エスエス製薬に「スルーラック」という薬があります。「ラク」は日本語の「楽」（らく）と、英語のluck（幸運）をかけていると思われます。一方「スルー」は、英語の through であり、drive through（ドライブ・スルー）でおなじみです。「スーッと（調子よく）通過する」という意味です。さて、「スルーラック」とは何の薬でしょう？

正解：　便秘薬

解説：　この商品の命名は、私の中では perfect です。この「雑学編」は、読者には一番面白いコーナーだと思っていますが、その中でも最高峰に位置してもいいくらいの題材です。「この薬を飲めば、詰まっていたうんこが、"スルーッ"と腸を抜け、排泄されて"ラク"になります。それで「スルーラック」です。英語としての発音と意味が日本語としての擬態語と見事に一致し、そして、「楽」と luck が重なります。おそらく、これを超える商品命名は、日本史上ないです。上手ですね、さすがビジネスです。
　他にもいくつか紹介します。明治製菓の「カール」というお菓子です。最近は製造が縮小されているようですが、少し前まではコマーシャルも派手にやる日本を代表するお菓子でした。ちなみに「カール」とは curl のことです。「クルッと巻く」という意味です。女性が髪にかけるウエーブも curl です。そして冬季オリンピック競技にもあるカーリングもまたこの curl

です。投入されたストーンはくるくる回転しながら微妙なカーブを描きつつ的に向かいます。だから curling なのです。気づいていましたか？

　fly（ハエ）と mosquito（蚊）の「殺し屋」(killer) が商品名となっているものは何でしょうか？ f が「フ」、m が「マ」と読ませます。そう、「フマキラー」です。日本人は英語をもじったり、日本語と合わせてもじったりして、ピタッと来る商品名を作る天才です。また「いろはす」という飲料がありますが、これは lifestyles of health and sustainability（健康と持続可能な生活様式）の頭文字 ｌｏｈａｓ「ロハス」を、「イロハニホヘト……」にかけて、「イロハス」としたものです。「ハッピーターン」というお菓子があります。これは happy なことが (re) turn しますように、という願いを込めた命名です。「ファブリーズ」という消臭剤は、fabric（布生地）と breeze（そよ風）からできた商品名です。「ベビースターラーメン」ですが、もともとは「ベビーラーメン」と呼ばれていました。そのうちに、子ども向けお菓子なので、食べた子どもが何でも一番になれますように、との思いから、空にきらめく「スター」 star を加えて「ベビースターラーメン」としたのです。人間の思いがこもるのが商品名です。「カルピス」です。「カル」は cow（牛）「カウ」がなまったもので、「ピス」は英語の piss（小便）から取っています。すなわち日本語で言うと「牛の小便」です。知っていましたか？……ウソぴょーん‼︎ウソです。うそですよ！「カル」は「カルシウム」の「カル」、「ピス」はサンスクリット語の「サルピルマンダ」と舌を噛みそうですが、「最高の味」という意味なのだそうです。この「ピル」を取ったのですが、「カルピル」より「カルピス」のほうが開放感と

堅実感があるということで「カルピス」に納まったということでした。うそついてごめんなさい。次に「ダスキン」です。これはdustと「ぞうきん」を併せたものです。これもまた英語と日本語を上手に併せて商品名を決める、日本人お得意の好例です。ところでミスタードーナツを運営しているのはダスキンなんです。知っていましたか。また「ククレカレー」はcook-less curry（料理いらずのカレー）から来ています。ロッテに「トッポ」という、ポッキーによく似たチョコレートお菓子があります。これは tall（背が高い）と「のっぽ」を併せています。小林製薬の「熱さまシート」は分かりやすいですね。「熱をさます」と sheet を併せています。「さま」は「冷ます」でcool のことでしょうが、「さま」とひらがなにすることで、「熱様」という日本語を想像させて、消費者の注意を引きつけようとする意図が見えます。うーん、すばらっし！

　長々と書いてきましたが、要するに、私たち（英語教師）は日本人の生活の中にある埋もれた英語を英語として生徒に認識させることが大切だ、と言いたいのです。生徒にとっての単なる商品名、会社名、単語も、実は英語なのだ、英語がらみなのだと教えてやることは、真の意味でその語を生きたものとして再認識させることにつながります。それがまた生きた英語の知識として再認識させることになります。生徒の生活の中にある無意識の英語に命を吹き込む作業。これは私たち英語に携わる者の大切な使命です。

3　英語の宝庫、日本社会 － 身の回りに目を向けてみよう！

①トヨタの自動車にCROWN（クラウン）があります。一方日産には、PRESIDENT（プレジデント）という自動車があります。さて、これらはどのようなドライバーを対象にした自動車ですか？

　　　若いエネルギッシュな人　　　倹約的な人
　　　贅沢志向の人　　　　　　　　安全運転を心がける人

②日産の自動車に、LEAF というクルマがあります。さて、これはどのようなドライバーを対象にした自動車ですか？

　　　若いエネルギッシュな人　　　環境問題に敏感な人
　　　楽天的な人　　　　　　　　　安全運転を心がける人

正解：　①贅沢志向の人　　②環境問題に敏感な人

解説：　日本酒には必ず日本的な、しかもめでたい商品名が付きます。月桂冠、菊正宗、白鶴、白鹿、黄桜、比翼鶴、窓の梅……。そして自動車にはほぼ間違いなく、英語名が付きます。おそらく自動車という乗り物自体が本来、西洋的なのでしょう。そして自動車名は、自動車のコンセプトや質によってはっきりと特徴を出します。高級車にはさも高級な命名がなされます。CROWNは「王冠」という意味ですが、「極上」という意味も持ちます。トヨタの最高級車はCENTURYですが、これは

「世紀」という意味です。「100年」です。日産の PRESIDENT はもちろん「大統領」「社長」です。ホンダの最高級スポーツカー「NSX」は「New Spots Car X」のことです。「無限」や「未知」を意味するアルファベット「X」が車名に使用されています。スバルは「レガシィ」(LEGACY) という高級車を持っています。「遺産」という意味です。漢字で書いても、意味で考えても高級感があります。一方、値段の張らないファミリーカーには、ホンダに FIT (フィット - ぴったり) とかトヨタに AQUA (アクア - 水)、日産にはNOTE (ノート　注目) があります。高級感はやはりないですね。また、スポーツカーにはまさにスポーティなかっこいい名前が付きます。私の大好きなのは日産スカイライン「SKYLINE」(地平線) です。かっこいいでしょ!?「フェアレディZ」には「究極」の Z が付いてます。トヨタソアラ「SOARER」(高性能グライダー) など発音してもすっきり感があります。マツダの RX7 はもうずいぶん前に製造が中止されましたが、今でも大人気のスポーツカーです。やはり、「未来」「無限」を意味する X が入っています。車種名は良い英語の教材になります。

　さて、問題に出ている日産 LEAF は日本初の100％電気自動車です。leaf は「葉」のことで、植物の葉が光合成により大気を浄化することから、エコカーとしてのステータスを高めるためにこう名付けられました。メジャーな単語としては意識されてこなかった leaf が、この時代になって自動車名に抜擢されました。地球温暖化はこれほど急を要する人類的課題ということの証拠です。

　さて英語の良い教材と言えば、スポーツがそうです。ただし、野球、テニス、バスケットボール、サッカーなどの西洋発祥の

スポーツに限ります。相撲や柔道などは英語には全く役立ちません。野球を例に取ってみましょう。バントで三塁ランナーをホームインさせる打撃を「スクイズ」と言いますが、squeeze（スクウィーズ）という単語と一般的に日本人にはまず結びつかないでしょう。squeeze は「（ミカンなどを）絞る」です。バントによって「三塁ランナーを絞るようにして本塁へ走らせる」という意味です。「胸当て」は「プロテクター」と知っていても protect と結びついている野球選手はどれくらいいるでしょうか。キャッチャーの「膝当て」は「レガーズ」ですが、leg-guards と知っている高校生はゼロに近いでしょう。「ゴロ」は grounder ですが、ground だとはおそらく日本人のほとんどが知らないでしょう。「ダブルプレー」を別名「ゲッツー」、日本語では「重殺」とは知りながら、この「ゲッツー」の「ゲッ」が get と理解できている日本人はどれくらいいるでしょうか。ちなみ「ゲッツー」は英語では通用しません。しかし「殺す」という意味の get として使われているのは間違いないでしょう。

　だからこそ知らせることが重要です。そこで初めて本物の英語として身につきます。私たち英語教師の仕事ですよ。いろいろなところに目を向けて、日本人の英語学習をアシストしましょうよ。

　さて、好きずきの大きく分かれるプロレス、総合格闘技、ボクシングなどですが、これらもまた英語の宝庫です。特にボクシング関係のイディオムは楽しいです。on the ropes は「息も絶え絶え」という意味です。劣勢のボクサーがロープを背負い、ぼこぼこにされている場面を目に浮かべてください。私が好きな表現に、roll with the punches があります。「相手のパンチ

19

に合わせてステップよく舞いましょう」という意味で、「流れに逆らわず、柔軟に自然体で行く」という意味です。これは素晴らしい表現です。また「降参！」という意味で、throw in the towel があります。セコンドからマットにタオルが投げ込まれたら試合終了というボクシングルールならではのイディオムです。また、「お手柔らかにお願いします」という意味で pull the punches があります。パンチを pull する、すなわち「手加減する」という意味です。どうですか、すごく楽しいですね。「がんばれ！」という意味で有名な Hang in there! も実はボクシングから来ています。激しくパンチを打ち込まれている自陣ボクサーにセコンドが檄を飛ばします。「相手に"しがみつい"てでも、ロープに"しがみつい"てでも耐えろ！」という意味の hang なのです。

　日本社会は英語だらけです。だから日本は、英語を学ぶのに有利な条件を持っていると言うことも十分に可能です。きちんと整理しながら確かな知識として高めてやれるのは、英語教師を除いて他にはいません。

4　XXXは何と読む？Oの意味は？ － Xの謎、Oのかわいらしさ

英米では親兄弟、恋人など親密な人に手紙を送ると、一番最後にXXXや、XOXOといった記号を書き添えることがあります。もちろん、ペケのXではなくアルファベットのXです。マルのOでなくアルファベットのOです。
昔、彼らは何か大切な中身の文書をもらうと、自分の誠意を示すために、読んだ後にXの文字を署名しました。つまり、Xは「誠実な気持ちや愛情を表す」記号なのです。また米英人は聖書に向かって何か誓うとき、自分の誠意を伝えるために必ず聖書にキスをします。つまり、Xとキスは「真実の気持ち」を表すものどうしなのです。そこからXには「キス」という意味が生まれたのです。ですので、手紙の最後に付記されたXXXは「エックスエックスエックス」とは読みません。では質問です。

① では、XXXは何と読むのでしょうか？英語でどうぞ！
② では、手紙の末に書かれたOは何を意味するでしょうか？

　　ヒント：　②もやはり「愛情表現ですよ！」両手を使って 大きくOを作ってみてください。きっと分かります。英単語1つで書いてください。

正解： ① three kisses　　② hug

解説：　私の最も好きな題材の一つです。素晴らしい題材だと自画自賛しています。O は hug を表します。両手で O を作って、身体の前方に下ろします。その O の中には人間が一人、入れます。これを生徒にさせてみてください。とっても喜びます。生徒どうしをつなげることのできる温かな題材です。

　ところで生徒どうしをつなぐ英語と言えば、I like your ~. です。「あなたの~がすてき！」という意味の英語です。I like your eyes. I like your voice. I like your hair. と言うだけで相手を褒めることになります。これも教室でやってみてください。みんな喜びます。

　アルファベットの X は教材として実に大変役に立ちます。そこでプラスアルファでクイズです。①発見されたときは、謎の光線でした。人の体内にある異常を放射線で映し出してくれるものです。何でしょうか。②日本人ロックバンドです。ヴィジュアル系ですので、素顔は「未知」ですし、「無限」の可能性を信じて活動するバンドです。③「ファイナルファンタジーシリーズ」の10作目は「ファイナルファンタジー何」？ ④ X が意味する、「人間だけが持つ愛情表現」は何でしょう？（これが分かる人は、すごい!!!）正解はそれぞれ、① X 線 ② X JAPAN　　③ X　　④ キス　です。

　アルファベットの中には、それ自体にはっきりとした意味を持っているものがいくつかあります。X はその代表です。しっかりと学ぶ必要がある楽しいアルファベットです。数学の

22

方程式は必ず X を使います。私たちは何気なくこの X を方程式で使っていますが、この X も「未知の数字」という意味で使われています。この話をしただけで生徒は「へえ〜っ！」と歓声を上げます。試してみてください。x amount of money「（どれくらいになるか分からないが）ある程度のお金」、within x years「何年かうちに」という意味です。She is on the big X. は「彼女は今生理中だ」です。女性のメンスは男性にとって「未知の世界」ですから。③は「ローマ数字」です。Ⅰ Ⅱ Ⅲ Ⅳ Ⅴ Ⅵ Ⅶ Ⅷ Ⅸ、そして「10」は X です。10作目なら X となります。また X には上記のように「キス」の意味があります。説明します。X を分解して、〉と〈に分けてください。そしてこの二つをゆっくりとくっつけてください。先端と先端がくっついた瞬間を何と言いますか？「キス」でしょ。〉も〈も、男女の唇と考えたら X は「キス」です。

　X と言えば、トヨタのクルマに「マーク X」があります。米倉涼子のヒット番組に「ドクター X」があります。また昔、「プロジェクト X」という NHK の看板番組がありました。どの X にも「未知」「無限」「謎」などの意味が加わっています。X は日本社会の中のあちこちに転がっています。

　話は変わって女性の生理を big X と紹介しました。生理とはデリケートな言葉なので、日本語でも女性の生理のことを、婉曲的に「月の障り」と言うこともあります。英語でも当然そうです。英語では女性の「月の障り」（生理）を、monthly bill ともいいます。「月々の支払い」です。あるいは単に visitor とも言います。「（月々の）訪問者」という捉え方です。I'm having a visitor. で、「私、今生理なの」です。他にも言い方があ

23

りますよ。fly a red flag（赤い旗を振っている）の red flag は「怒り・敵意・警告」を表します。生理中の女性は気が立っていると言うことでしょうか。be on the rag = have the rag on（布切れを付けている）という表現もありますが、昔は綿が高価だったため、股間に布きれを当てていたということでしょう。flow にも「生理」の意味があります。「海の潮の満ち引き」を ebb and flow と言います。flow は「満ちる」です。生理時の出血を「潮が満ちる」というイメージで捉えているのでしょう。dog days は「真夏の一番暑い日々」ですが、女性の「生理の期間」も意味します。生理中の女性を真夏にバテバテ状態にある犬の姿と重ね合わせたのでしょう。私は健康診断の事前アンケートで、女性ALTに「あなたは今生理中ですか」という質問をすることを余儀なくされたことがありました。冷静に Are you in your period? と緊張しながら訊きました。怖かったです。また、日本人ノーベル文学賞候補の村上春樹氏の代表作「ノルウェイの森」の中にあったと記憶しているのですが、登場人物のある女性の "I'm in the worst possible period of my cycle"（と記憶しているのですが）という発言を、今でも覚えています。「私、今最悪の期間なの」と、セックスを警戒している言葉です。cycle は女性の生理の周期のことで、period は生理の「期間」を表すわけです。

5　ニューヨークは「大きな何」？ － なぜshow-meは「疑い深い」？

　日本の首都である東京は、東京以外に呼び名があるでしょうか？大阪は？福岡は？ありませんね。ところがアメリカの都市の中には、愛称を持つものが多くあります。カジノの町ラスベガスは Sin City（罪な町）、デトロイトは Motor City（自動車の町）、シカゴは Windy City（風の町）という愛称があります。ロサンゼルスは L.A.（エレィ）とか City of Angels です。さてでは、アメリカ最大の都市ニューヨークは何と呼ばれるでしょうか。

　ヒント：　「大きなリンゴ」です。英単語2語に換えてください。

　正解：　（the）Big Apple

　解説：　Fun City とも Empire City とも言われます。補足ですが、シアトルは Emerald City です。これを聞けば、誰だって一度は行ってみたくなりますね。別名もあります。the Coffee Capital of the Worldです。ほら、スターバックス発祥の地ですよ、シアトルは。ヒューストンは Space City です。なぜでしょうか？NASA（アメリカ航空宇宙局）の本拠地ですから。このようにアメリカ人は名前を付けるのが好きです。ハリケーンにも付けますから。「カトリーナ」という名のハリケーンが未曾有の被害を及ぼしたのは記憶に新しいところです。
　州にも名前を付けます。カリフォルニア州は The Golden State です。これは「ゴールドラッシュ」からきています。ア

25

ロリダ州は The Sunshine State です。明るく健康なイメージです。ハワイ州は The Aloha State といい、州のイメージをそのまま前面に出してます。

　楽しいのはミズーリ州です。ミズーリ州は The Show Me State と呼ばれます。直訳すると、「"俺に見せてみろ"州」です。説明しましょう。ここは西部開拓時代に世界各地から多くの人間が集まってきた州で、当時あちこちで争いが絶えなかったことから、この地域の人々の心の中に、他人に対して疑心暗鬼になる習慣が身についてしまったというのです。そしてこの歴史風土の中で選出された、やはり疑い深い政治家がある日議会で、「俺はミズーリ州出身だから疑い深いんだ、証拠を見せろや！」とすごんだことがありました。その時の言葉が I'm from Missouri. You've got to show me. でした。これが有名になったと言うわけです。ここからミズーリ州は The Show Me State と呼ばれるようになったということです。以来、I'm from Missouri. は、「俺はミズーリ州の出身だ」ではなく、「俺は疑い深い人間なんだ」という意味で使われています。そして今では show-me は「疑い深い」という形容詞として独立しています。Oh, come on. You are being show-me again!「ほらまた始まった。疑い深いなぁ」です。give a show-me look で「疑い深げな視線を送る」です。また、ミズーリ州の自動車のプレートは Show me State なんだそうです。何とも面白いです。

　補足。Los Angeles は「ロ**サン**ジェルス」でも「ロ**サン**ジェリーズ」でも OK です。またアメリカ人は祖国アメリカを愛情を込めて Columbia とか Uncle Sam と呼ぶことがあります。Uncle Sam は United States と頭文字が一致しているところが面白いです。

6 cats and dogsな雨って？ － 英語の世界の犬と猫

　もう数年前のことになりますが、アメリカで、ある少年を襲った犬に、彼の飼い猫が猛スピードで突進し、体当たりを食らわして退散させたという YouTube が人気を呼びました。本来犬と猫とはそんなに仲が悪いのでしょうか。実は英語の世界にもこのような犬猫の関係を表す表現があります。それは、It is raining cats and dogs. です。さて、どのような雨でしょうか？

備考： 我が家の愛犬「こまめ」（girl）と愛猫「あずき」（boy）はとっても仲が良くて、よく一緒に寝てますが……

正解： 土砂降り

解説： これはとても有名な cliché です。ところで cliché には必ずそれを裏付けるエピソードがあるんです。そしてそのほとんどがとても面白いのです。さてこの It's raining cats and dogs. ですが、犬と猫が仲が悪くて激しくケンカをしているイメージから「土砂降り」という意味になったという説があるのですが、次の説のほうが信憑性が高いと思います。「まだずっと昔、街や道路がきちんと整備されていない時代、大雨のためにそこいらが洪水状態になったとき、その激流の中に犬や猫の死骸が数多く流されていた風景からできた」という説です。第一、犬と猫が仲が悪いと誰が決めたのでしょう。我が家には犬と猫がいますが、とても仲がいいです。

ちなみに、大雨の翌日に、たくさんのミミズが道や庭を這う姿をよく目にすることがありますが、これはなぜだと思いますか。これは住み家の土の中が洪水状態で呼吸できないために地中から出るためです。
　犬猫にまつわる cliché を紹介します。A dog is man's best friend.（犬は人間の最良の友）なんて諺もありますが、きっとこれはつい近年にできたものでしょう。だって、それだけ犬に関わる表現には犬にとって悲惨なものが多いのです。その証拠に dog-eat-dog は「犬が犬を喰う」。要するに「共食いをしなければならないほど厳しい社会」という意味です。a dog in the manger（意地悪をする人）、in the doghouse（嫌われている）、underdog（負け犬）、dirty dog（見下げた奴）、sick as a dog（むちゃくちゃ気分が悪い）、work like a dog は（身を粉にして働く）です。以上からも分かりますが、犬はその昔、間違いなく人間から虐待されていたはずです。しかし dog にはかわいらしい表現もあるにはあります。dog-ear は「本の端を折って、しおり代わりにする」という意味です。ほら、犬の耳のように三角形の形になるじゃないですか。a dog with two tails は犬のどんな状態を表すか分かりますか。犬は嬉しいとき、しっぽをブルンブルン振り回します。じゃぁ、2本あったらどうでしょう？死ぬほど嬉しいんでしょうね。
　一方猫の cliché も楽しいです。The cat is out of the bag.（うそがばれた）、When the cat is away, the mice will play.（鬼の居ぬ間に洗濯）、fat cat（どっぷり太った裕福な男）などたくさんあります。一番かわいらしいのは The cat ate my homework. です。宿題を忘れたときに使う言い訳です。「猫が宿題を食べちゃったの」と言い逃れるわけです。また、黙って

何もしゃべろうとしない子どもに向かって Cat got your tongue? と言えば、「どうしたの？猫に舌を取られちゃったの？」と軽くたしなめることができます。「キャッ・ガッチャ・タン」と調子よく発音してください。また水曜日のことを hump day と言うことがあるのですが、hump とは「背中のこぶ」という意味です。これは猫が背を丸めて歩く姿を想像してください。丸まった背の頂点（こぶ部分）が猫の体長のちょうど中央部分に位置します。また水曜日は1週間のちょうど真ん中（頂点・こぶ部分）にあります。だから水曜日は hump day なのです。ぜひ生徒に教えてあげてください。間違いなく「へぇ～っ！」が聞けます。

　補足ですが、英語では雄を boy、雌を girl と呼んでもかまいません。日本語でも「男の子、女の子」と呼ばなくはないですが。雌猫なら she cat、雄犬なら he dog です。Is this a he? なら「雄ですか？」という意味です。

7 どちらが大でどちらが小？ － トイレいろいろ

排泄には「大」と「小」があります。英語では、number one、number two という言い方で表現できます。
　さて、ではどちらが「大」でどちらが「小」でしょうか？よく考えてください。あなたも毎日やっていることです。考えたら分かります！

　　　　　　　number one:　　number two:

正解：　大 number two　　小 number one

解説：　私たちがうんちをするとき、大と小は小の方から先に排泄されます。違いますか？とは言っても私は「大」が number two で number one が「小」である理由を一度も生徒にきちんと説明したことがありません。ただ、「毎日のことだからよく考えたら分かるでしょ！」くらいで終わります。シモの話は私は苦手です。ちなみに、排泄に関する表現には面白いものがたくさんあります。Nature is calling me.「トイレどこ？」、answer the call of nature「トイレに行く」、ease (relieve) nature「排泄する」などです。
　　　排泄と言えば、他にもあります。まず「おなら」です。cut a cheese, break wind, pass gas などがあります。cheese を使うのはそれほど cheese は臭うということです。この3つも授業で楽しく使えます。fart という単語もあります。an old fart

で「時代遅れのじじぃ」です。「げっぷ」も排泄の一種です。burp とか belch です。げっぷをしたら、"Sorry. I burped." と言って謝るのがエチケットです。

また「(酒を飲み過ぎて) ゲェッ！」とトイレで吐くのも排泄ですね。pray to the porcelain god や drive the porcelain bus って知ってますか？porcelain とは「陶磁器製の便器」を指すと考えてください。「有田ポーセリンパーク」に行ったことがある人もいるはずです。pray to the porcelain god とは「陶磁器の便器に向かって祈る」という意味です。drive the porcelain bus とは「陶磁器製のバスを運転する」です。さて、何のことでしょうか？何度も書いていますが、cliché や イディオムには必ず「根拠」や「逸話」があります。説明しますね。酔っ払って、お店のトイレで吐くとき、どんな姿勢になりますか？「吐く時」はひざまずいて、「陶磁器製の便器」に神に向かって祈りを捧げるような姿勢ですよね。これが pray to the porcelain god です。また、吐くときは便器の両端を両手で掴むはずです。その姿勢がバスのハンドルを掴んでいるように見えれば、drive the porcelain bus も理解できるはずです。

トイレについて補足します。「トイレ」を生徒はよく WC と言いたがりますが、これは現代では使いません。WC とは Water Closet の略で、「水洗トイレ」という意味です。今この日本で「水洗トイレ」なる言葉が実質上通用しますか？もうこの国ではトイレが水洗なのはほぼ間違いなく常識になっています。水洗トイレなんて言葉、ほぼ誰も今時使いません。日本で水洗トイレなる言葉が通用していたのは、「ボットン便所」が主流だった時代のことです。英語圏でもそうです。Water Closet はもう歴史上の遺物です。WC は死語と言ってよい

しょう。

　なお幼児用の「おまる」やお祭りなどの会場の特設トイレは porta potty と言います。移動可能なトイレのことです。そして「トイレを借りる」は use です。「使う」と発想します。他人の携帯電話や自転車を借りるときも use です。

　幼児語ですが、「おしっこ」は pee、「うんち」は poo とか jobbie と言います。子どもにとってうんちは「仕事」なんですね。なんともかわいらしい表現です。正式には feces（フィーシーズ）と言います。複数形になっているところに注目してください。なぜだか分かりますね。

　教師はたくさんのイディオムや単語、蘊蓄を身につけておくべきです。それが生徒の目を引きつける最高の力になりますから。生徒にとって楽しくためになる授業とは、「発見・驚き」のある授業です。それが感動を生み出します。感動のあるところに成長があるのです。教師はたくさんの知識を身につけ、整理し、それを披露するのです。「発見」「驚き」「感動」「成長」は１本の線でつながっています。

8 不真面目に「きく」は？真剣に「きく」は？ − 育てたい生徒像

　私にとって欠かせないものの一つはウォークマンです。イヤホンもかなり高価なものを使っていますよ。朝の通勤時間のうち40分は欠かさず「きく」からです。英語をですよ。そこで問います。皆さんの中にも多いでしょう、「私の趣味は音楽鑑賞です」と答える人が。でも、音楽鑑賞って、あなたの履歴書の「趣味欄」に書いて良いのでしょうか？音楽を「きく」ことが「趣味」って、これ、就職を決める大事な履歴書に書いて良いですか？私からのお願いです。履歴書の趣味欄に、「音楽鑑賞」とは絶対に書かないでください。音楽を「きく」ことを趣味と答える人はこの世に星の数以上にいます。あなたのセールスポイント（selling point）にはなりえません。むしろマイナス評価にしかならないと思います。なぜなら、「きく」ことは不真面目なことだからです。流れてくる音楽をただ漫然と「きいて」いるだけじゃないですか。とういうより、音楽が耳に「きこえて」いるだけです。かなり不真面目な行為です。その証拠にあなたは私たち教師の授業や講話を「きいて」いますか？「きく」とは、真剣に話してくれる相手には失礼な「きき」かたです。覚えておきましょう。では質問です。
　　①「（不真面目に）きく」を日本語と英語でどうぞ。
　　②「（真剣に）きく」を日本語と英語でどうぞ。

正解：　① 聞く hear　　② 聴く listen

解説：　「聴く」という漢字をよく見てください。「耳」の他に「心」

が入っていますね。心を込めて聞くのが「聴く」です。その一方「聞く」には心がありませんね。耳があるだけです。

　教師の話を聴かない子どもは最高に不幸な子どもです。子どもが育っていく大きな力となるのは親を始めとした大人のおかげです。そして子どもにとって親の次に大事な大人は教師です。教師の仕事は子どもを育てることです。ところが、親と教師は決定的に異なります。それは教師は生徒とは他人であることです。関係が大きくこじれれば、もうその修復が不可能になることもあります。そうなったとき、生徒は不幸です。だって、生徒を導く教師が、その子に愛想を尽かしているからです。愛想を尽かされた生徒は、その先生から大事なことを言ってもらえなくなります。かくして生徒は自分を成長させてくれる太く大きな大人を一人失うことになります。

　言い訳ばかりして、教師の話を聴き入れない生徒。自分の罪を認めようとしない生徒。巧妙に教師を粗末に扱う生徒。肝心な場面で開き直る生徒。こういう生徒は教師から愛想を尽かされます。完全に愛想を尽かされ、卒業式の日にも「おめでとう」の一言さえ掛けられなかった子らも大勢いることでしょう。教師と生徒は多大な一緒の時間を過ごします。その教師から心を揺さぶられる話を一切聴けなくなると考えてみてください。これは教師にとっても残念なことですが、これからどんどん成長していかなければならない生徒からすると、あまりに不幸なことです。

　しっかりと教師や大人の話を聴くことのできる素直な子どもこそ、成長できる子どもです。

　hear と listen の違いが分かれば、I'm hearing, but I'm not listening.もうまく訳せます。「声は聞こえているけど、中身は

聴いてないよ」です。see と watch の関係も同じです。I am seeing but not watching. と言えば、「視界には入っているけどきちんと見てはいないよ」です。

　3年前の夏、教員免許の更新で西南大学に行ったのですが、そのとき担当の教授から、「listen at~ もあるんだよ」と聞かされました。listen to~ や listen in~、listen up は知っていますが、at~ まで使われることがあるなんて初めて知りました。at ですから「狙いはその音だけ」という意味になります。ドアに耳をぴたっとくっつけて、ドアの向こうから捕らえたい情報だけをしっかり聴き取るみたいなニュアンスです。

　さて、listen と hear、see と watch など、これらの違いを生徒に説明するときは、大げさなジェスチュアを使ってみましょう。口を開けてぽーっとした顔つきをしているのが see で、眉間にしわを寄せて怖い顔で何かをにらみつけているのが watch です。思い切りやるほど生徒にウケますし、ウケるほど効果があります。

　教師とは一流の役者であり、エンターティナーでなくてはなりません。ボケとツッコミの名手である必要もあります。技を磨き続けましょう。楽しい職業です。

　最後におまけです。He won't be told. が訳せればあなたの英語力はすごいです。ランダムハウスにもこの通りの例文がありました。模範訳は「どうせ奴に言っても聞いてもらえないよ」です。

9　ダイヤモンドの価値を決める４つのＣとは？
－ 実は５つ目のＣが一番大事！

　男性諸君！お金を貯めてください。あれを買うために！「あれ」とは、あなたが愛する人と結婚するために必要な engagement ring（エンゲージメント リング「婚約指輪」）を買うためですよっ！日本では「ある説」によると、自分の給料の３倍の値段の指輪が「妥当な価格」なのです。たとえば、あなたの給料が15万円なら × 3 = 45万円の指輪が「妥当な価格」というわけです。でもあんまり心配ないです。アメリカでは、そんな考え方はなく、中古品専門店で買ったダイヤで済ましています。「３倍」というのは、どうも、日本のダイヤ販売店が商業目的に考え出したもののようです。でも私は、45万円程度のダイヤを妻にあげました。なのにトホホホ……。なのに今は押し入れの暗い戸棚で30年近く眠ったままです。

　さて、ダイヤモンドの話です。ダイヤモンドは厳格な買い物です。「満たすべき基準が４つ」もあるのです。まず、㋑「透明度」です。「透き通っている」ほど高値になります。ダイヤの中に気泡があるとそれは「傷」と見なされ、値が下がります。次に㋺「重量」です。ダイヤは重ければ重いほど高値が付きます。次に㋩「色合い」です。「無色」から「黄色」に近づくほど値は下がります。そして、㋥「（断面の）研磨」です。ダイヤは発掘された原石のままでは商品になりません。最終的には熟練職人により、美しく深い光を永遠に放つダイヤになるよう、ダイヤの表面に無数の研磨を施すことになるのです。ダイヤモンドは人間が最も尊敬し珍重する宝石です。

①「４つの満たすべき基準」は、「４つの C」と言われます。㋑の「透明度」はclarity（ク**ラ**リティ）です。㋺「重量」は carat です。読

み方を書いてください。次に、㋩の「色合い」と、㋥の「研磨」を英語で書いてください。

②「宝石」は英語で何と言うでしょうか。まずカタカナで、そして英語でも思い切って書いてみてください。「ダイヤモンド」も！

カタカナ：　　　　　　　英語：
「ダイヤモンド」：

正解：　① ㋺カラット　　㋩色合い：color　　㋥研磨：cut
② ジュエリ　jewel(ry)　diamond

解説：　ダイヤモンドは4つのCで価値が決まります。でも私はもう一つのCがあると思っています。それは certification「証明書」（鑑定書）です。ダイヤモンドは、プロの鑑定士による証明書がなければ、ただの石ころと同じです。だってそうでしょう。もし証明書がなくてもいいのなら、みんなおもちゃのダイヤを本物のダイヤだと言い始めますよ。そうすると本物さえ無価値なものになってしまいます。そういうことで、ダイヤモンドを買えば、かならず証明書が送られてきます。証明書のないダイヤモンドは、石ころです。犬の血統書と同じです。血統書のない犬は価値が大きく下がります。私は妻と婚約する際、ダイヤモンドについてかなり勉強しました。購入する際に店の人から「お客さん、詳しいですね」と言われたことを覚えています。

ところでつい最近、妻が誕生日に「ネックレス買って！」と言って来たので無視できなくなり、買いに行くことにしました。

2万円くらいのでいいだろうと高をくくっていたのですが、店員がどんどん高額なダイヤを妻に勧めるのを見て、2回ATMへ行きました。結局買わされたのは21万円のダイヤモンドネックレスでした。店員と話をしていて初めて気付いたのは、私たち夫婦はちょうど真珠婚式（30周年）だったことです。そして私は6月生まれなので誕生石は真珠です。不思議な偶然がいくつか重なって面白かったです。大金をはたくと、言葉にならない虚脱感と快感を味わえますね。21万円は痛い出費でしたが、「これで一生面倒見てもらえるならむちゃくちゃお得な買い物やんか」と自分に言い聞かせました。それにしてもどうして女性はあんなものをほしがるのでしょうか。
　宝石にまつわるクイズも授業で使えますよ。

① 結婚15周年は「水晶婚式」、25年が「銀婚式」、30周年は「真珠婚式」、50周年は「金婚式」、そして結婚60周年は「ダイヤモンド婚式」です。それぞれを英語に変えてください、の類いです。
正解はそれぞれ crystal, silver, pearl, gold, diamond ですね。

② では、結婚70周年は何婚式でしょう。
　　ヒント：　ほら、希少な価値を表すときにこの金属名を使うでしょ！　〇〇〇〇会員とか、〇〇〇〇価格とか！
　　　　　　正解は「プラチナ」platinum です。プラチナ婚式です。

10 「書店 QUEST」はなぜ「QUEST」？ － 本を読める素晴らしさ

「ドラゴンクエスト」はみんな知っていますね。これ、英語で書いてください。そう、dragon quest です。dragon は「竜」です。では quest とはどんな意味でしょうか？試しに quest の後ろに tion をくっ付けてください。どうなりますか？そう、question ですね。question とは知っての通り、「疑問」「（正解を求めて）質問する」です。そう、quest とは、「疑問を持つ、その解決のためにターゲットを追い求める、目標を探求する」です。これで「ドラゴンクエスト」の意味が分かりましたね。ところで、北九州最大の書店は「QUEST」です。小倉と黒崎にあります。ここで質問です。

①「書店 QUEST」はなぜ「QUEST」という名前に決めたのでしょうか。みんなで考えよう。

②国道3号線宗像付近に、黄色い壁の書店があります。その壁には、「本は心のご飯です」と大きく文字が書かれています。「本は心のご飯です」とはどういう意味でしょうか。みんなで考えてください。

正解： ①書物を通して、人間の真実・理想、人類の幸福・平和を追求（quest）していこう。
②深く健全な心を育ててくれるのは、書物であるということ。本を読むことで人間の心は豊かになるということ。

解説： これは私の英語講座の中でも最高峰に近いくらいに自画自賛

する教材です。ぜひ生徒たちに班活動をさせましょう。ほとんどの答えは「欲しい本が全てお求めできます」「読みたい本を探そう」というものですが、それに止まらず、正解に記してあるような次元まで高めてやりましょう。

　アメリカの黒人解放史の中に「フレデリック・ダグラス」という人物がいます。奴隷として生まれるのですが、読み書きできることの素晴らしさと出会い、やがて黒人差別撤廃のために人生を捧げ全うした運動家です。白人が読み捨てた新聞の端切れを拾ってまわり、他の人に教わりながら読み書きの力を身につけていきました。彼にとっては読み書きを覚えること、人間としての真実を悟ること、そしてそのために立ち上がることは全て一本の糸でつながっていました。これこそが「学ぶ」ことの意味であり、大切さです。私はこの教材の中で以上のような話をします。

　ところで、奴隷主が奴隷に対して決して許さなかった行動とは何でしょうか？それは、大きな意味では「知識や教養を身につけること」ですが、ピンポイントで言うと、「読書できる力を身につけられること」です。なぜなら、そこから人間は無限の真実を学ぶことができるからです。奴隷を奴隷として確保しておくためには、奴隷主は奴隷を無学の状態に押し込めておくことが肝心だったのです。

　「生徒諸君、いいですか。あなた方は学ばねばならない。たくさんの知識を学び、身につけ、そしてそれを生きる力にするのです。だから学ぶのです。だから学校があるのです。そして学びの大切な手段の一つは読書です。読書をしない人は多くを失うかわいそうな人です」と授業を締めます。

　「本は心のご飯です」はそのまま英語にしてパーフェクトに

通用します。the food for~ で「~の素」「~の糧」という意味なのです。Reading books is the food for hearts and minds. で良いでしょう Reading is a mental food. Reading is the food for thought. と言っても同じような意味でしょう。

11 軍用イルカに求められている基準は？ － 悪ければ必ず治そう！

　イルカはとても賢い生き物です。超音波を使って互いにコミュニケーションを取り合い、交流したり狩りをするのです。すぐれた知能をもっています。さて、アメリカやロシアでは、このイルカの高い知能に注目し、調教することによって領海の安全確保のために利用しています。具体的には、海中爆破装置の探索、敵の潜水艦の探知、海軍基地周辺のパトロールなどです。イルカは一流の軍人であり、一流のスパイでもあるのです。動物愛護機関から疑問視されている面もありますが、実はこれはずっと昔から行われていることでもあります。

　さて、この軍用イルカには、身体的に求められている基準が2つあります。1つは、体に障害が皆無であること。つまり、ヒレに傷があったり、尾ひれが曲がっているようなイルカは採用されないということです。では質問です。①完璧であることが求められている2つ目のものを英単語で書いてください。体に関わるものです。②「イルカ」を英語で書いてください。③「コミュニケーション」「知能」「スパイ」をそれぞれ英単語で書いてください。

　　①のヒント：　私もよく部員に言ってきました。「すぐに治療してもらいなさい」と。だってこれが悪いと人間は瞬間的な力が出なくなるんです。元プロ野球選手の松井秀喜さんも毎日15分以上これのケアをしていたそうです。

正解：　① teeth　　② dolphin　　③ communication, intelligence,

spy

解説：　昔、歯をきちんと治療したとたんにバカスカ打ち始めたプロ野球選手がいました。考えてみれば、歯を力一杯噛みしめられないスポーツ選手が大成するはずがないです。ソフトバンクの王さんも現役を終わった頃は奥歯がぼろぼろだったと聞いています。同じように、歯の悪い人がキチンとした食生活を送れるはずがないです。歯の痛みは人の集中力をそぎます。ずきずきした痛みは実に厄介です。また歯が痛いと食事もよく噛まずに飲み込まざるを得ません。それは胃の負担につながります。それがまた別の病的症状を生み出します。一説によると徳川第14代将軍、徳川家茂は虫歯が原因で死んだそうです。31本中30本が使い物にならないほどの歯だったそうです。丈夫な歯は健康の印です。歯をおろそかにする人はだめな身体になります。英語には look a gift horse in the mouth というイディオムがあります。これは「もらった馬が駄馬か役に立つ馬かを確かめるために、馬の歯をのぞき込む」、という意味です。人間だけでなく、動物も同じということです。軍用イルカも、場合によっては生死の瀬戸際をさまようような危険な任務もあるはずです。危機を回避し、任務を完遂して本部へ帰還するためには瞬間的な素早い動きが必要でしょう。人間同様、一気に全力を爆発させるには丈夫な歯が必要なのです。

　では、いろいろな歯を紹介します。クイズ形式にします。
①前歯（　　）tooth、②奥歯（　　　）tooth、③犬歯（　　）tooth、④乳歯（　　　）tooth、⑤永久歯（　　　）tooth、⑥虫歯（　　　）tooth、⑦親知らず（　　　）tooth、⑧入れ歯（　　　）tooth。
以上です。

正解は① front　② back　③ canine　④ baby（milk）
⑤ adult（permanent）　⑥ bad　⑦ wisdom　⑧ false です。

　補足ですが、乳歯は「おっぱいの歯」と考え、milk tooth とも言います。③の canine とは「犬」のことです。狂犬病は canine madness と言います。一方、「猫」は feline です。feline には「陰険」という意味がありますが、猫に対して失礼ですね。「親知らず」に wisdom を使うのは、子どもにいろいろな知恵が生まれる頃に生え始める歯だからという解釈です。永久歯は second teeth とも言います。犬歯は eye tooth という言い方もあります。目の真下にあるのが犬歯だからです。

「歯」は tooth ですが、複数形の teeth も覚えなくてはいけません。歯が1本では何の役にも立ちませんから。同じ論理で、leaf よりも leaves だし、foot よりも feet です。絶対に覚えさせたい複数形はありますね。複数形と言えば、women は生徒が正しく発音できない単語のNo.1です。きちんと「**ウィ**ミン」と覚えさせましょう。

12 世界三大穀類といえば？ – そして人類を支える三つのミラクルフード

　世界三大穀類といえば、rice（米）、wheat（小麦）とあと一つは何でしょうか。もちろん英語で書いてください

正解：　corn

解説：　potato と答える生徒がほとんどで corn はなかなか出てきません。でもどちらも正しくつづらせましょう。この際、小麦も覚えさせたいですね。小麦は wheat で、小麦粉は flour です。大麦は barley で、ライ麦は rye です。D.J.サリンジャーの代表作「ライ麦畑でつかまえて」の表題は The Catcher in the Rye でしたね。またcorn には「魚の目」という意味があります。トウモロコシの粒と形が似ているからでしょう。また corny とすると、「古くさい」「安っぽい」となります。a corny story「全くつまらん筋書き」です。ランダムハウス大辞典の説明によると、語源は「田舎者は穀物ばかり食べているから」という連想だそうです。

　さて、人類の進歩に決定的なインパクトを与えたと言われる食糧があります。それらは miracle food（奇跡の食材）と呼ばれています。アジアにおける miracle food は何だと思いますか。またヨーロッパにおいては何だと思いますか。正解はそれぞれ、rice と olive です。米の栽培には多くの労働力が必要です。そのために多くの働き手が必要となります。そこで人々は多くの子どもを産みます。しかし米はミラクルフードですので、

その収穫で十分に、増えた人口を支えることができました。米のおかげで人口が増え、そこから人間の世界はどんどん多様化することができました。医学に携わる者、道具を作る者、エンターテインメントを生業とする者、輸送を生業にする者、子どもの世話をする者……。米の力はすごいです。ちなみに米の産出国はその大半がアジアにあり、日本は生産量11位です。小麦、トウモロコシと並び、世界の三大穀物とされています。またオリーブはギリシャの国樹であり、その歴史は古く、古代エジプト文明や地中海のクレタ文明にもその痕跡が多く残されています。また平和のシンボルでもあります。国連旗はオリーブの葉をあしらっています。最初のオリンピックがギリシャで行われたのもオリーブと無縁ではないと言われています。

　さて西と東のミラクルフードを紹介しましたが、現代最大のミラクルフードとは何だと思いますか？なんと！バナナです。バナナの産出高はある調査によると、世界1位はインド、2位はブラジル、3位はエクアドル、4位は中国で、5位はフィリピンです。エクアドルとフィリピンはバナナの輸出国ですが、インド、ブラジル、中国は輸出国ではありません。では産出したバナナはどうしているのか。それは、自国内で消費されています。国民が食べているということですよ。ここで考えてみてください。インド・ブラジル・中国の人口は合計約30億人です。そして全世界の人口が約75億です。なんとバナナは、世界総人口の4割の人間の命をつないでいる訳です。

　それもそのはず、バナナはカリウム・ビタミン・マグネシウム・食物繊維・ポリフェノールなどが豊富な健康食品です。成人病予防、ダイエット効果、老化防止、免疫力強化などまさに天然のミラクルメディシン効果がばっちりです。実は私、「門

司港バナナの叩き売りの塾」に通っておりまして、来年（2020年）くらいにデビューすることになっております。バナナについてたくさん学んだところです。ですので上記したバナナの医学的効能に何の偽りもありません。banana oil（たわ言）だなんて言わず、どうぞ皆さんもバナナで体質改善、ダイエットなどに励んでください。きっと、go bananas（夢中になる）になっちゃいます！

13　Every Jack has his Jill. の意味は？　− 韻好きの英語

　日本で男の子（男性）と女の子（女性）を代表する名前と言えば、それぞれ「太郎」「花子」ですね。面白いことに英語にもあるのです。それは男なら Jack、女なら Jill です。Jack and Jill で「恋人どうし」「仲の良い夫婦」という意味です。「男は親切であるべきで、女は正直であるべきだ」は Jack must be kind and Jill must be honest. となるのです。All work and no play makes Jack a dull boy.「勉強ばかりで遊ばない人（男の子）はだめになってしまう」という有名な諺もあります。では問題です。① Every Jack has his Jill. の意味を当ててください。②「びっくり箱」は jack-in-the-box と言います。さて、どんな仕掛けでしょうか。　③（知らない人に向かって）「なぁ、兄さんよ。ちと銭くれよ」を英語に換えてください。
　　Hey, ＿＿＿＿＿＿！　Give me some money.

正解：　①どんな男の子にもお似合いの女の子がいるもんだ
　　　　②箱の中から男性の人形が飛び出してくる　③ Jack

解説：　飛行機の乗っ取りを「ハイジャック」と言いますね。これも Jack から来たものだという説があります。クルマを乗っ取ろうとした悪者が、標的のクルマのドアを開け、"Hi, Jack!" とドライバーに声をかけて実行したというものです。犯人からすると運転手の名前が分かるはずがないので、男性の代表名である Jack で呼びかけたというわけです。そしてこの Hi が high と同一視されてハイジャックになったという説です。船乗っ取

りは seajack、バスなら busjack と言います。

　さて似たような言い方にまた面白いものがあります。日本でも、よく本名を名乗りたくない人を「Aさん」とか「少女B」とか呼ぶことがありますが、英語にもあるのです。男性なら John Doe で、女性なら Jane Doe と呼ばれます。名乗りたくないなら男性は I'm John Doe. 女性なら I'm Jane Doe. と答えればよいのです。「私は名無しの権兵衛です」「名前はご想像にお任せします」という意味になります。Doe（ドウ）が名字に当たるわけです。日本語よりずっと面白いですね。またこの2つは、身元不明の遺体に対しても使えます。A woman has come to see JaneDoe 3.（ある女が女性遺体3号を見にやってきた）です。

　さて、Jack と Jill、John と Jane の話ですが、それぞれ韻を踏んでいることに注目してください。韻を踏ませているからこそ面白みが増しているのです。英語の「遊び心」が感じられます。英語は韻を踏むのがとても好きです。Okey, Dokey!（オウキドウキ）という表現があります。これは Okey（OK）の意味ですが、それだけでは面白くないのでわざわざ Dokey なんて意味不明の単語を持ち出して、「オウキ」という韻を踏ませただけです。またかわいらしく楽しい挨拶言葉に、"See you later, alligator!" － "After a while, crocodile!" があります。alligator も crocodile もワニですが、会話上全く意味はありません。ただ、発音上、「レイタ」と「アリゲイタ」の「エイ」、そして更に「ワイル」と「クロコダイル」の「アイ」を連続して韻を踏ませることによって音声上の楽しさを醸し出しているのです。

　日本のビートルズとも言われるサザンオールスターズの名曲

に「愛しのエリー」があります。さびは「笑ってもっと Baby 無邪気に On my Mind。映ってもっと Baby すてきに In your Sight」です。見事に Mind と Sight が韻を踏んでいます。しかも発音的には「アイ」、すなわち「愛」です。桑田佳祐さんの狙い通りに踏んだ韻です。だからこそ私たちの耳から離れない名曲となって記憶されているのです。彼を天才と呼ぶ人はたくさんいます。

　補足です。英語圏で多い男性の名前の代表は、Jack, John の他に Tom, Dick, Harry などがあります。この3つを使って every Tom, Dick and Harry という表現があります。「誰でも彼でも」という意味になるのは分かりますね。Nowadays every Tom, Dick and Harry talks about education.「近頃はピンからキリまでどんな奴でも教育議論をしやがる」です。Tom, Dick, Harry と3人出てきますが、ひとまとめにして三人称であることに注意してください。

　Jack-of-all-trades は「何でも屋」。Jackassは「雄のロバ」で、「うすのろ」、jackpotは「大当たり」、ウォークマンなどのL字型差し込み部分も jack です。イギリスの国旗は Union Jack、lumberjack は「木こり」、また、船が船首に掲げた国籍旗をも jack と言います。

14 "Ebony and Ivory"のモチーフは？ － 大好き！スティービー！

　私の次男は2019年8月現在で22歳ですが、熊本県の平成音楽大学で音楽の勉強をしています。小さい頃からピアノが好きで、いろいろなコンクールに出場したり、弾き語りなどをやっています。将来どんな仕事をするのか、不安あり、楽しみありです。さて、ピアノの鍵盤の話ですが、なぜ、白と黒なのか不思議に思ったことはありませんか。歴史をひもとくと、こういうことです。

　まず、レギュラーキーの鍵盤は、見た目の美しさ、耐久性、つやの出し易さなどの観点から、象牙が選ばれました。もちろん白色です。そして次に、触った感じと見た目が象牙に近く、レギュラーキーと対照をなす色がベストと考えられ、シャープやフラットキーには黒檀（コクタン・堅く重たく耐久性に富む熱帯産の樹木）が選ばれたということです。もちろん黒色です。象牙は ivory（**ア**イボリ）、黒檀は ebony（**エ**ボニ）と言います。

　ところで、スーパースターであるスティービー・ワンダーのヒット曲に "Ebony and Ivory" という歌があります。さて、これは何をモチーフにした歌でしょうか。正解を下から選び、英語に換えて答えてください。

　　　勇気　　食事　　平和　　祭り　　スポーツ

正解：　平和　peace

解説：　名曲 Ebony and Ivory に出てくるリフレーン（refrain）に

Ebony and Ivory live together in perfect harmony …… why don't we? です。Ibony は黒、Ivory は白です。〈ピアノの黒鍵盤と白鍵盤は色は真逆どうしで仲は悪そうなのに実は完璧なハーモニーを奏でながら調和している。なのになぜ人間はそれができないのか〉という感じの詩です。またスティービーは黒人でもあるので、白人の黒人差別（人種差別）に言及しているようにも思えます。その証拠にこの曲は、元ビートルズのポール・マッカートニーとデュオで歌われました。ポールは言うまでもなく白人です。いずれにしてもスティービーの人としての優しさが美しく伝わってくるメロディであり詩です。彼の歌う歌は空の雲の上をフワフワと足取り軽くスキップしているような気分にさせるものが多いです。アパルトヘイトを糾弾する歌やアフリカ系アメリカ人（黒人）公民権運動を讃える歌も発表しています。また、近年では民族間の分裂や嫌悪をあおる言動を繰り返すトランプ大統領に毅然と反対する行動も取っています。私はスティービー・ワンダーは素晴らしい人物だと尊敬しています。息子も彼の歌が好きです。

　さて現代、平和教育を実践できている高校はどれくらいあるでしょうか。皆無に近いのではないでしょうか。この現状の中で英語教師の果たすべき役割は非常に大きいし、重大であると思っています。"I have a dream." で有名なアメリカ黒人差別解放運動家のキング牧師、1億円とも言われるノーベル平和賞受賞賞金総額を、世界の恵まれない子どもたちのために使ってくれと宣言したマザー・テレサ。頭部を銃撃され、生死の間をさまよいながらも再起し、教育の大切さを世界中に訴え続けているマララ・ユスフザイさん、人類史上最悪と言われたアパルトヘイトを打ち崩したネルソン・マンデラ氏……。英語の教

科書にはこれらの偉人が目白押しです。私たち英語教師こそ平和教育の旗手であるべきです。いや、英語教育そのものが、詰まるところ平和教育であると私たち英語教師は理解しておくべきです。我々がやらなくて、他の誰がやるでしょうか。

15 指の話 － 仲間はずれだけど、大物の「親指」

人間の手の finger は全部で何本ですか。英語で答えてください。

正解： eight

解説： 人間の手の finger は全部で8本です。私は「指は何本でしょう？」とは訊いていませんよ。「finger は何本でしょう？」と訊いたのです。ふふふ、実はですね、英語の世界では親指は finger ではないんです。親指は thumb であって、finger ではありません。初耳の人の「ヘェ～ッ！」がたくさん聞こえてきます。

では次に、親指以外の指を英語で言ってみましょう。人差し指は何個もあります。forefinger, index finger, pointer などです。中指は middle finger、薬指は ring finger、小指は little finger, pinkie, pinky と言います。幼児語では親指から小指までをそれぞれ、daddy finger, mommy finger, brother finger, sister finger、そして小指は baby finger と言います。さて親指は finger ではないと書きましたね。それで人差し指から順番に first finger、中指は second finger で、薬指は third finger、そして小指は fourth finger です。面白いですね。

薬指は ring finger です。「指輪の指」です。なぜこう呼ばれるようになったのか、ロマンチックなお話を披露します。その昔、人間の身体の太い血管が心臓から左手の薬指に 直線につながっていると考えられていました。そういう意味で左手の

薬指は、特に温かく大切なものと考えられました。そこで結婚指輪をはめるのに最も適した指となり、ring finger と呼ばれるに至ったのです。英語の世界はこういう逸話や背景がとても楽しいのです。

　さて、finger からは見放された（笑）親指ですが、実はその分、最も活躍するのが親指 thumb なのです。all thumbsで「不器用」です。全部親指だったら、何もできないですよね。a rule of thumbは「勘で」「大ざっぱに」という意味です。おじいさんが長年の勘でビール醸造に最も適した温度を、ボトルを握って親指で判断していた、という説から生じています。twiddle one's thumbsは、両手の指を絡めて両方の親指をくるくると回転させることです。日本人はあまりしませんが、「暇で暇でしょうがない」「ぶらぶら過ごす」という意味です。She always has her husband under her thumb.で「かかあ天下」です。green thumbは「庭いじりが上手」で、逆に「庭いじりが下手なら」brown thumb です。格闘技などで親指で目つぶしする反則技を thumbing（サミング）と言います。thumb を動詞で使うと、「（親指で）ページをめくる」となります。thumb a magazine「雑誌をめくる」で、thumbed dictionaryで「（親指で何度もめくられページが）手垢でよれよれの辞書」です。thumb generation って何でしょう？スマホの操作は全て親指ですよね。そう、スマホ世代の特に若者のことを言います。「スマホ族」といった感じです。

　finger には楽しくためになる表現がたくさんあります。finger の後に to かat か on のいずれかを付けることでそれぞれの前置詞の良い確認になります。to~ なら「（単に）〜に指を指す」、put one's finger at~ なら「〜を非難する」、同様に

on~ なら「～に指を押しつけて指摘する」です。at は狙い一点に指を突きつけるわけですから相手に指先を突きつけて「非難する」（ to だったら指先が at ほどピンポイントでないので、「非難する」という意味まで広がらないわけです）、on なら指先を書類か何かに押しつける感じです。「ほら、ここよ、ここ」みたいな感じで「指摘する」わけです。

Cross one's finger

　指で相手を軽蔑することもできます。そのときは「特別な意味」を指に持たせる必要があるので、finger に the を付けて give ～ the finger の形で「～を挑発する」となります。なお、この際の finger は中指です。中指をまっすぐに立てて相手に突き出します。すると相手は怒り出します。だってこの中指は相手の「勃起したペニス」を意味するからです。やってはいけません。また five fingers として give five fingers to~ とすれば、「～を小馬鹿にする」となります。日本人もやりますかね。親指を鼻の穴に突っ込んで、残りの4本をひらひらさせる動作です。

　欧米人はうそをついたり、自慢話をした後、イラストにあるように、中指を人差し指に絡ませる動作をします。「幸運や成功を祈る」ジェスチュアです。人差し指と中指をクロスさせる

のです。cross the fingers と言い、彼ら独自の silent language となっています。クロスした2本の指は、文字通り cross（十字架）を表します。have one's fingers crossed、keep one's fingers crossed と言い換えることもできます。アーメン！

　どうですか？どれをとっても生徒には意外な発見の題材です。「へぇ～っ！」の連続です。どう使うかを工夫すればするほど成果はもっともっと上がります。

16 僕らを正しく発音しろよ！
－ 日本人が正しく発音できないかわいそうな単語たち

　日本人の多くが間違って覚える発音特集です。発音をカタカナで書き、アクセント部分を大きく書いてください。

例．apple **ア**プル

1 warm:	2 said:	3 heard:
4 chocolate:	5 Hawaii:	6 potato:
7 son:	8 McDonald's:	9 hamburger:
10 coffee:	11 says:	12 tomato:
13 women:	14 war:	15 could:
16 banana:	17 sweater:	18 ultra:
19 mobile:	20 caught:	21 won:

正解： 1 **ウオ**ーム　2 **セ**ド　3 **ハ**ード　4 **チョ**コリト
　　　 5 ハ**ワ**イ　6 ポ**テ**イトウ　7 **サ**ン　8 マク**ド**ナウズ
　　　 9 ハン**バ**ーガ　10 **カ**フィ　11 **セ**ズ　12 ト**メ**トウ
　　　 13 **ウ**ィミン　14 **ウォ**ー　15 ク**ド**　16 バ**ナ**ナ
　　　 17 ス**ウ**エタ　18 **ア**ルトラ　19 **モ**ゥバイル　20 **カ**ート
　　　 21 **ワ**ン

解説：　日本人が発音できない英単語の特集です。says を正しく発音できない生徒は100％間違いなく「セイズ」「サイズ」と発音します。said は「サイド、またはセイド」と間違って発音

雑学編 16

してしまいます。私の予想では日本中の高校生の70％は正しく発音できません。hear の過去形の heard もそうです。「ヒァード」と発音してしまうのです。しかも heared とつづりも誤って覚えてしまっています。それを上回るであろうのが women です。全生徒のうち90％以上は正しく発音できないと私は見立てます。一般的に外来語（カタカナ英語）の発音が際立ってできません。その中でも食べ物関係は特に弱いです。hamburger を正しく綴れた生徒は激賞しても良いくらいです。18番の ultra も「ウルトラ」でなじみ過ぎてます。もう一つ、war, warn, warm, award の a を「ア」と発音するのも日本人の際立った間違いです。「オ」と認識できている生徒は多くいません。私はいつも生徒に言います。「今度スターワーズ見に行こう！」とか、「寒いからネックワームかぶろう！」なんて言うか？ワームは毛虫のことだぞ。あんたたち、首に毛虫巻くのか？と。

17　数字の話　－ 実は君らもよく知ってるんだよ！

　英語の数の勉強です。uni-（ユニ）と mono-（モノ）は「1」です。「2」は bi-（バイ）です。そして「3」は tri-（トリ or トライ）です。さぁ、では当ててください。

uni-　　①洗面所、トイレ、風呂などがすべて一部屋になった空間は？
　　　　②みんなが着ている制服は？
　　　　③世界でただ一つの大宇宙は？
　　　　④50州を一まとめにした国は？
　　　　⑤唯一無二の素晴らしいものは？

mono-　⑥線路が一つしかない乗り物は？
　　　　⑦（芝居などで）相手ではなく、一人でしゃべることを？
　　　　⑧カラー写真でなく、白黒のことを？
　　　　⑨「大勢の人がガッチリまとまっていること」は monolith（モノリス）と言います。-lith は「岩」です。さてこの単語の日本語は？

bi-　　⑩車輪が二つの自転車は？
　　　　⑪2カ国語話せる人は？
　　　　⑫LGBTQ（性的少数者）のBって、男性にも女性にも性的魅力を感じることができる人のことだけど、何て言う？
　　　　⑬冬季オリンピック競技の一つで、スキーと射撃を組み合わせた競技は？
　　　　⑭アサリやハマグリなどの貝は bivalve（バイバルブ）と言

います。さて、日本語では？

tri-　⑮2人組は「デュオ」とか「コンビ」。では3人組は？
　　　⑯3角形の楽器と言えば？
　　　⑰水泳・自転車・マラソンの3種目を行うスポーツ競技は？
　　　⑱trilobite（トライロバイト）とは葉っぱ模様を持つ古代生物で、今では化石でしか見られないものです。さて、何のこと？

正解：　① unitbath　　② uniform　　③ universe
　　　　④ United States　　⑤ unique　　⑥ monorail
　　　　⑦ monologue　　⑧ モノクロ（monochrome）　　⑨ 一枚岩
　　　　⑩ bike（bicycle）　　⑪ bilingual　　⑫ bisexual
　　　　⑬ biathlon　　⑭ 二枚貝　　⑮ trio　　⑯ triangle
　　　　⑰ triathlon　　⑱ 三葉虫

解説：　unitbath は一般的な言い方ではありませんが、unit の意味を完璧に表しているので使えます。イギリスは UK ですが、United Kingdom のことです。ここからイギリスの正式名称が United Kingdom of Great Britain and Northern Ireland（グレートブリテンおよび北アイルランド連合王国）であることを紹介することもできます。イギリスのことをイングランドと思い込んでいる高校生はとても多いです。UNIQLO は unique clothes から命名されてます。また、馬に似た伝説上の動物に、有名な「ユニコーン」（unicorn）がいます。これには角が一本はえています。MONO という消しゴムを使っている生徒は多

いです。-logue は「談話、話」という意味です。monologue で「一人芝居」、prologue は「序文」、epilogue は「締め言葉」です。dialogue は Let's listen to the dialogue.の口上で有名です。⑨の「一枚岩」をぜひ生徒に当てさせてください。当てた生徒は褒めてあげましょう。bi も私たちの生活の中にたくさんあります。でも生徒たちはそれが「2」であることを知りません。全てがばらばらの知識です。この授業でしっかりと整理してあげましょう。bisexual からLGBTQ（性的少数者）の授業への転換も可能です。「2国間の」は bilateral と言い、時事英語ではしょっちゅう出てきます。「二枚貝」を当てた生徒は頭をなでてやりましょう。日本プロ野球では「3割・30本・30盗塁」をトリプルスリー（triple three）と言います。triple はそれで有名になりました。⑱の「三葉虫」は難題中の難題です。正解が出るまで粘りましょう。写真撮影用の三脚は「3本の脚」ですので tripod と言います。驚くことに、恐竜の「トリケラトプス」と答える生徒もいるのです。この恐竜（triceratops）には頭に3本の角があります。それでこの名前なのです。生徒の生活の中に無数の英語が眠っている証拠です。この題材はその眠った英語を掘り起こすのに優れています。

18 使われるアルファベット・使われないアルファベットは？
― ワープロのキー配列に潜む驚きと感動

アルファベット26文字のうち、
① 最もよく使われるアルファベットのベスト5は？（3つ当てたらすごいかも）
② 最も使われないアルファベットのベスト3は？（2つ当てたらすごいかも）

 ヒント：　ワープロのキーボードで、一番打ち易い奴と一番打ちにくい奴だろうね……

正解：　①順に e t a s r　　②順に j x z

解説：　現代はワープロで文書を作りますが、昔はタイプライターを使っていました。typewriter と綴ります。タイプライターとはまさしくアナログのデバイスで、細い金属棒の先にアルファベットが彫られており、その棒を本体前面に配置した紙にパチパチと打ち付けて印字するという仕組みです。打つごとに左へ移動する印字用紙が右端限界まで来たら、チーンと音が鳴り、自分の手で用紙を右まで戻してまた打ち始めるという面倒くさいものでした。指にある程度のパワーを込めないとタイプできません。誤字を打ったら修正液で消して打ち直します。こんなもの、今では誰も使いません。
　ところで、ワープロもタイプライターも、アルファベットの配置位置は同一です。そこで正解にある e t a s r と j x z に戻

りますが、j 以外は左手で入力するように配置されています。まずここで疑問なのは、世の中の器具類はほとんど全て右利きの人用に作られていることです。はさみもカッターナイフもポケットもJR改札口も何もかも右利き用です。現代だから左利き用器具専門店もあるようですが、タイプライターが活躍していた時代に、少数者である左利きの人に配慮した器具が市場に出るなどまずあり得ません。なのに、ワープロ（タイプライター）は使用頻度の高いアルファベット（e t a s r）も極めて打ちにくいアルファベット（x z）も、利き手でない左手で打つようにキーは配置されています。また（x z は左手の小指で打ちます。打つのがとても難しいキーです）この配置は多数派の右利きの人には不利な配置です。こりゃ、左利きの人は喜びますが、右利きの人は怒りますよ。なぜこんな配置にしたのでしょうか。ここが思案のしどころです。

　さてここで不思議な事実を一つ。ワープロのアルファベットが並ぶ区域の一番上のライン（頂上から3つ目のライン）には、左から順にqwertyuiopという10個のアルファベットが並んでいます。この中からqとuとoの3つを削除し、代わりにeとrとtを加えてください。すなわち、e、r、tはそれぞれ2つあるということです。そしてこの10個のアルファベットを並べ替えて、ある単語を一つ作ってください。

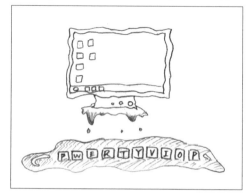

答えを書いていいですか？書きますよ。いいですか？では書きますね。その単語とは"typewriter"です。おおっ！これはすごいと思いませんかっ？タイプライターの発明者は、キーボードのアルファベット最上段のラインに、typewriter という単語を作るアルファベットをラインナップしたのです！
　ではそれなぜか。それは「タイプライター製造会社のお金儲けのため」です。客にタイプライターを売りつけるには、そのタイプライターがいかに便利がよいかをアピールする必要があります。そのためには早く正確にキーを打ってみせることが得策です。いわば実地売り、デモンストレーションです。慣れた指で打てば、客は指の動きさえ視認できないでしょう。目にもとまらぬ速さで typewriter と打って見せて、見物客を驚嘆させ、衝動買いさせる戦術です。
　では当初の疑問、「使用頻度の最も高いアルファベット（ｅｔａｓｒ）と、最も使用頻度が低いが故に一番打ちにくい場所に配置されたアルファベット（ｘｚ）が、全て左手で打たせる領域に置かれた理由」です。それは、右利きの人にわざと利き手でない左手で打たせる必要があったからです。やはり「お金儲け」ですよ。右利きの人はタイプラターをマスターするために懸命に練習します。そしてやっとマスターします。そうすると、そこまで身につけた左手による技術を簡単に捨てられなくなります。新型のより便利な機種が出てきても、練習を積んできた機種にこだわるはずです。買い換えるときもアルファベットが同じ並びの機種を選ぶはずです。キーの並びの違う新型との競争に勝とうとする戦略です。そうやって生き延びてきたのが現在のキーの配列なのです。驚愕の新事実（？）です。
　以上は、参考文献やインターネットに書いてある諸説から、

長時間をかけて私が結論づけたものです。ただしこれが真実であるかどうかは重要なことではありません。この解説を書くのは実に楽しかったということをぜひ皆さんに伝えたいと思っているだけです。
　私は英語が好きです。大好きです。だから生徒に楽しく英語を学んで欲しいと思っています。そのためには、私自身が日々努力していなくてはなりません。そして努力することでたくさんの題材と出会います。この題材には最高に近いくらい感動しました。typewriter という文字がキーボードの一列の中に隠されている事実を知った人は間違いなく「へえっ〜！」となります。私自身もそうでした。である以上、生徒はもっとすごい反応を見せます。渾身の解説に出来上がりました。
　私は教師とはエンターティナーでなくてはならないと常々思っています。エンターティナーは、生徒に「発見・驚き・感動・学び」を実現させてやらなければなりません。素晴らしい職業です。教師の研鑽。これがキーワードです。

生き物編

1 人間のベストフレンド、犬の分類、英語では？
— そしていろいろな生き物たち

犬は man's best friend（人間の最良の友）と呼ばれています。特にイギリスでは、「犬を飼っていない家庭はない」と言われるほど犬は親しまれているのです。飼い主をこよなく愛し、忠実に行動する犬は実に頼もしくかわいい動物です。では、人間のために働く犬をきちんと分類しましょう。

①牧羊犬　　　②猟犬　　　③番犬　　　④盲導犬
⑤警察犬　　　⑥愛玩用犬　⑦麻薬捜査犬　⑧救助犬

イ rescue dog　　ロ sheep dog　　ハ watchdog　　ニ hunting dog
ホ guide-dog　　ヘ lap dog　　ト drug-sniffing dog　　チ police-dog

正解：　①ロ　②ニ　③ハ　④ホ　⑤チ　⑥ヘ　⑦ト
　　　　⑧イ

解説：　犬の面目躍如です。すごいですね。大活躍です。しかしまだまだ犬は活躍しますよ。がん探知犬がいます。犬は人間には及びもつかない優れた嗅覚を持ちます。それを利用して、がん患者の呼気を臭い、がんを突き止めるのです。また、医療器具の不具合を即座に知らせる介助犬もいます。人間の命を救う犬です。AIを利用して同じようにがん探知装置を作るプロジェク

トも進行中ですが、私は犬を応援したいです。
　さて、ここでたくさんの生き物たちに登場してもらいましょう。クイズ形式で載せます。生徒にも大好評の題材になりますよ。意味を当ててください。

① a frog in one's throat　② butterflies in one's stomack
③ loan shark　④ beat a dead horse　⑤ a black sheep
⑥ a snake in the grass　⑦ a fly on the wall
⑧ plenty of fish in the sea　⑨ bear market
⑩ a can of worms　⑪ cash cow　⑫ crocodile tears

a サラ金　b 終わったことを蒸し返す　c 緊張している
d 弱気市場　e 面汚し　f のぞき見する人
g 良い彼（彼女）は他にもたくさんいる　h 裏切り者
i 種々厄介なこと　j 嘘の涙　k 金のなる木
l のどがガラガラ

正解　①l　②c　③a　④b　⑤e　⑥h　⑦f　⑧g　⑨d　⑩i　⑪k　⑫j

　動物に関わる楽しい表現の多さは英語の特徴の一つです。無限に問題が作れそうです。生徒のイマジネーションや推理力を高める題材としてとても魅力的です。ぜひ試してください。そして一つ一つを楽しく解説してあげましょう。これらはウェブを開けば簡単にチョイスできます。②は butterflies と複数形になっています。これは複数形にすることによって暗に「たとえチョウチョが胃の中にいても、たった1匹では緊張した状態を伝える表現にはならないだろう！」と訴えてきているわけで

68

す。同じ意味に ants in one's pants がありますが、これもまた、「蟻が1匹くらいでは下半身はもぞもぞしないだろう！」と暗に訴えているのです。英語の複数形の面白さと合理性です。
⑨の逆（強気市場）は bull market です。世界経済を左右するニューヨークのウオール街には勇ましい雄牛（bull）の像が設置されています。charging bull（突撃雄牛）と呼ばれます。
cash cow とは「金儲けの最大の目玉・ドル箱的スター」のことです。cow は雌牛です。搾った牛乳が現金収入を生む感じがこのような意味を生んだのでしょう。

　繰り返しますが、解説が大切です。教師が楽しく解説すれば、生徒はノッてきます。

2 水生の生き物、名前は？ － 人魚は女性とは限りません

すべて水生の生き物です。名前を当てよう！

starfish	sea horse	catfish	jellyfish
☆魚？	海の馬？	猫魚？	ゼリー魚？
sea cucumber	whale shark	sunfish	great white
海のキュウリ？	クジラザメ？	太陽魚？	偉大な白？
balloon fish	ribbon-fish	mermaid	flying-fish
風船魚？	リボン魚？	マーメイド	滑空魚？

Killer whale（殺し屋クジラ）
シャチ

生き物編 2

正解： starfish ヒトデ　　sea horse タツノオトシゴ
catfish ナマズ　　jellyfish クラゲ　　sea cucumber ナマコ
whale shark ジンベイザメ　　sunfish マンボウ
great white ホオジロザメ　　balloon fish ハリセンボン
ribbon-fish リュウグウノツカイ　　mermaid 女の人魚
flying-fish トビウオ

解説： 楽しい問題です。生徒も喜んで取り組みます。作問は生徒の語彙を考慮しながらでないと、いくら考えても解けない問題を作れば授業は台無しです。生徒の語彙をベースに、イマジネーションを駆使しながらなんとか解ける問題作成が肝心です。ヒントも大事です。あまり世話を焼きすぎず、かといって生徒の関心を引き離すようなことのない絶妙のヒントが大事です。もし生徒に深い語彙があれば、sea-slug（海のナメクジ＝ウミウシ）、sea-anemone（海のアネモネ＝イソギンチャク）、giant-squid（巨大なイカ＝ダイオウイカ）なども登場させることができます。balloon fishをフグと答える生徒が多いですが、フグは blow-fish です。また、男の人魚は merman です。

　ちなみに fish とは「魚」とは限りません。「貝」や「甲殻類」は shellfishといい、jelly-fishは「クラゲ」、cuttlefishは「イカ」、ヒトデは starfish ですから。どうやら fish は「海洋性の生き物」という意味もあるようです。ところで catfish には面白い意味がありますよ。「インターネット上で別人になりすまして他人を誘惑する男」という意味です。餌食になるのは主に年若な女性です。ナマズのあの顔はそんな犯罪者のように見えるということでしょう。

　中には生徒に全くなじみのない生き物もあります。パソコン

71

などでネットから撮った画像を教室に持って行くと効果が上がります。

　なお、類似問題として「虫シリーズ」があります。生徒の語彙にあわせて出題することが肝心です。中には、firebug（bugは虫）、dragonflyなどのように、推理力で何とか正解できる虫もあり、好材料になります。fireは「火」ですから「ホタル」、dragonは「竜」で「トンボ」です。トンボの顔は竜に見えるのでしょう。さて、ladybugって？ lady……、「テントウムシ」です。

3　なぜ、dropping ではなく、droppings？
― 「数」にうるさい英語の面白さ

　あなたの家では犬を飼っていますか？我が家には「こまめ」という名の she dog（メス犬）がいます。7歳くらいで、人間で言えば40歳くらいでしょうか。かわいいです。でも、犬を飼うのは大変です。一日最低2回は外に連れ出さなければなりません。犬は散歩（walk）させなければストレスで凶暴化し、飼い主にかみついたり物を噛んで破壊してしまうのです。犬には散歩が何より大切です。それと、おしっこと糞（フン）の排泄です。人間だって、気持ちよく排泄したいでしょう!?犬だって同じです。とにかく大変です。くれぐれも興味本位だけで犬は飼わないようにしてください。さて、「犬の糞」は英語で droppings です。そこで質問です。①なぜ drop という単語を使うのでしょう？②なぜ、dropping ではなく、droppings なのでしょうか？③「オス猫」を英語で書いてみよう！

正解：　①お尻の穴からポトッ、ポトッと「落ちていく」イメージ
　　　　②犬は一回の排泄で通常うんちの塊を複数個落とします。塊一つだけで終わることはほとんど無いです。だから複数形の s を付けます。
　　　　③ he cat（cat boy, male cat, tomcat）

解説：　これは実に楽しくためになる問題です。英語の醍醐味の一つです。だって、複数の s を付けるかどうかが大変大きな違いを生むのですから。ただのアルファベット1つです。日本語では不可能なことです。日本語では「フン」で終わりで、犬の

糞がどんなものかまでは全く問題にしません。しかし英語ではsが付くことで、「いいですか、犬は糞を一回につき、必ず複数個落とすものなんですよ」と我々に訴えてきているわけです。これは実に面白い。英米人の複数形のsには、彼らの世界の見え方が込められているように思います。私はこの題材を心を込めて楽しそうに生徒に伝えます。生徒も楽しそうに聴きます。ここでも生徒たちの「ヘェッ〜！」が聞こえてきます。私たち教師が楽しいと思った題材は、間違いなく生徒にとっても楽しいことが実感できます。

　英語は数の概念に厳格な言語です。そして数をはっきりさせることで意味を変えることができます。I ate a chicken. と I ate chicken. の違いは分かりますか？どちらも正しい英文ですが、前者は「鶏を1匹食べた」となり、この人の口元からは今、鶏の生血が垂れているはずです。後者なら「鶏肉を食べた」となり、自然な英文となります。a が付くということは、その名詞は数えられる、つまり「誰から見てもその形は共通している」という証拠なのです。それはすなわち、「形のはっきりしていないもの」は数えられないということです。鶏肉と言えば、ぶつ切りなのか、骨付きなのか、ミンチなのか分かりませんよね。だから「鶏肉」には a が付かないのです。同様にpeace, love, war などは形がはっきりしないのでa が付きません。数えられないわけです。試しに、生徒に peace や war を絵に描かせてみてください。みんな全く異なるイラストになります。同じように egg と an egg の違いは、前者は卵焼きや目玉焼きのような調理された卵で、an egg は殻の付いたままの卵という意味なのです。I ate an egg. なんて言うとネイティブはびっくりしますよ。だって、「卵を殻のまま食べた」と言って

いるのですから。同様に an iron は「アイロン」、単に iron なら「鉄」です。water は「水」で waters なら「海域」「水域」となります。とても合理的なのが英語の数の概念です。

さて、マクドナルドではコーヒーを二つ注文するのに"Two coffees, please." で大丈夫ですが、スターバックスではこれではいけません。売り子さんが困惑してしまいます。ではその理由を答えてください。正解は、「マクドナルドのコーヒーは1種類しかないから Two coffees と言えます。しかしスターバックスのコーヒーは種類がたくさんありますので Two coffees と言っても注文にならないというわけです。

「おめでとう」は Congratulations! です。この最後の s もまた複数形になりますね。これも意味がきちんとあるのです。相手を祝福するとき、普通、「おめでとう」一言で終わることはないです。何度も何度も祝福の言葉を重ねるはずです。だから必ず複数形になるのです。合理的ですね。

さて、動物の雄雌の言い方も押さえておきましょう。必ず he 〜、she 〜 の語順になります。雌のオオカミなら she wolf で、雄の猫なら he cat です。ついでに人間の男女別の言い方も押さえましょう。男の赤ちゃんは baby boy です。日本語と逆の語順です。女の子が生まれたら看護師さんから "You got a baby girl!" と言ってもらえます。

関連して。「新年おめでとうございます」を生徒に書かせてみましょう。意外と間違えますよ。A Happy New Year! と書く日本人が多いのです。A をつけるのは間違いであることを押さえましょう。「おはよう」「ハッピークリスマス」「お誕生日おめでとう」などはすべてかけ声です。Happy New Year に A を付けると「幸せな新しい一年」となって、相手に送る

お祝いの言葉になりません。A good morning! では「気持ちの良い朝」としかならないわけです。

　ところで昔の飼い犬は猫も同様に、人間の残飯を与えられていました。現代では考えられないことを昔は平気でやっていたんだと痛感しています。犬や猫には人間が手を加えたもの（料理）を与えてはなりません。それは動物虐待行為です。彼らはすぐにアレルギーを起こし、内臓を壊したり皮膚病になったりします。ペットショップに行くと、「唐揚げやチョコレート、お菓子などは絶対に与えないでください。死にます」とはっきり表示がなされています。昔は、短命で見るも無惨な犬や猫が飼われていたはずです。ペットを飼うときは、その個体が持っている生命力をぎりぎり一杯まで発揮させることを心に誓って飼うべきです。

　補足です。droppings は犬・猫に限らず、動物一般の「糞」という意味です。

4 なぜ犬は体を休める前にくるくると回転する？
― 発音にまつわる耳寄りな話

　犬はとってもかわいい生き物です。A dog is man's best friend. とも言われるくらいです。さて、犬を飼っている家の人ならよく目にする光景ですが、犬は座布団やクッションなどで寝ようとするとき、すぐに体を休めるのではなく、その上で2、3周ほどゆっくりくるくる回転してから体を寝かせます。人間には結構奇妙な動きに見えるのですが、実はこれ、犬が野生の生き物として生きていた何万年も昔までさかのぼることなのです。これは犬の本能から来ているのです。さて質問です。

①なぜ犬は体を休める前にくるくると回転するのでしょうか？話し合ってください。
　　　ヒント：　太古の昔の話ですよ。生息地は荒れ地だったりジャングルのようだったはずです。

②「くるくる回る」って英語2語で？
　　　ヒント：　遊園地でくるくる回るたのしい乗り物は？

③「くるくる寿司」を英語で言ってみて。
　　　ヒント：　「くるくる寿司」って、遊園地でくるくる回る乗り物そっくり！

正解：　①前足と後ろ足で草を踏みつけてならし、寝床を作るため。
　　　　②go round　　③sushi-go-round

解説：　日本の人のほとんどが「メリーゴーランド」がキチンとした英語から来ていることを知りません。そして、ひとしきり説明した後に英語で書かせてみると、merry go-land と書きます。「ラウンド」という発音が日本語にないため、なじみのある「ランド」のことだと当たり前のように思い込んでしまっています。だから丁寧に説明してやりましょう。round の意味がここで一発で身につきますから。回転寿司は conveyor belt sushi とも言います。でも sushi-go-round のほうがはるかに魅力的です。

　この「ランド」が示すように、英語と日本語の発音の違いや聞き取りの都合から生まれた日本語はたくさんあります。「ワイシャツ」は「Yシャツ」ではなく、white shirt です。white の te「ト」が日本人には聞こえなかったのです。小麦粉を「メリケン粉」と呼ぶことがありますが、この「メリケン」は「アメリカン」の高速発音から日本語化されたものです。American の e にアクセントがありますので、日本人には最初の A が聞こえなかったのです。また日本人には r と l の聞き分けはほぼ不可能に近いですが、これで生じた最も代表的なものが「フリーマーケット」です。日本人のほぼすべての人が free market と思い込んでいます。free ではなく flea が正解です。「自由市場」ではなく「ノミの市場」だったのです。

　生徒が単語の綴りを覚えるとき、s と c をごっちゃにすることが多いですが、これは害はないです。ところが同じくごっちゃにしやすいのが r と l で、これはやもするととてもやばいんです。free と flea もそうでした。私もひどい目に遭ったことがあります。英語学習中に、ハリウッドの大物映画プロ

デューサーであるハーベイ・ワインスタイン氏が女性に性的暴行を加えてきたことを伝える文で、Weinstein has（プレイド）on many promising young women in the show business と いった英文が聞こえてきたのですが、私は played と普通に聞き取りました。すると頭の中が混乱してきました。「ワインスタイン氏はショービジネス界の未来ある若い女性たちに馬乗りになって遊んだ」としか理解できなかったわけです。スケベそうな顔のワインスタインの首から下は小さな子どもであるイメージしか浮かばず、私は混乱しました。それもそのはずです。playedではなく preyed だったのですから。つまり「ワインスタインはショービジネス界の未来ある若い女性を食い物にしてきた」という意味だったのです。トホホです。このようにrとlは実に厄介です。別の例です。ある男性の選挙候補者を支持する目的で、ある女性支持者が I truly support your election. でなく、erection と聞こえるように発音してしまえば、とんでもない誤解が生じちゃいます。「あなたの当選をお助けします」ではなく、「あなたの勃起をお助けします」ですから。

　この解説の中にも授業で使える楽しい材料がたくさん載せられています。上手に工夫してください。生徒は喜びます。

5　ぼくは誰？ － 英語の世界の動物たち。「ペンギン」を漢字で書いてみよう！

　生き物編です。Ⅰ rabbit　Ⅱ pigeon　Ⅲ cat　Ⅳ fox　Ⅴ penguin　Ⅵ owl の登場です。さて、このⅠ～ⅥをA群、B群、C群のそれぞれと結びつけてください。そして解答の一番下の欄には動物名を漢字で答えてください。

〈A群〉
a この動物には nine lives（9個の命）があります。だって upside-down に落下してもきちんと safely に landing できるくらいですから。
b アメリカの famous な男性専用雑誌（PLAY BOY）の symbol 的な動物です。女性の nude（ニュード）で 一世風靡した雑誌です。エッチな本です。だって、男性専用雑誌ですから。
c 目鼻立ちがよく、美男（or 美女）です。その一方、日本でも英米でも、こいつは「ズルいやつ信用できないやつ・詐欺師」という存在でもあります。
d peace の symbol です。広島や長崎の peace 記念日には必ずテレビに現れます。またあなたも baby の時、この動物の mark のある baby bottle でお腹 full になり、平穏に包まれスヤスヤと sleep しました。
e 日本人にはとっても poplular で zoo の idol です。多くの人がこの動物は最大130cm近いものがあることを知りません。
f woods に住む夜行性の生き物です。happiness をもたらすことで知られていますので、家の出窓などにこの置物を decorate している家もあります。じっと座っている姿が、物思いにふけっているよう

に見え、「賢さ」を象徴する動物でもあります。

〈B群〉
a セックスアピール抜群のイカス人
b 地上で滑走訓練する戦闘機　　c 平和愛好家　　d ドスケベ
e 不死身　　f 賢そうな人

〈C群〉

解答欄：

	A群	B群	C群	名前
I	___	___	___	___
II	___	___	___	___
III	___	___	___	___
IV	___	___	___	___
V	___	___	___	___
VI	___	___	___	___

正解：

	A群	B群	C群	名前
I	b	d	い	兎
II	d	c	か	鳩
III	a	e	う	猫
IV	c	a	あ	狐
V	e	b	え	人鳥
VI	f	f	お	梟

解説： 英語の世界はいわゆるイディオム（clichéを含めて）が日本語よりはるかに多いと思います。人間の身体を使ったイディオム、動植物を使ったイディオム、スポーツや生活に関わるイディオムなど無限にあります。ここでは動物を使って出題して

います。cat について補足します。cat には nine lives（9つの命）があると言われています。皆さん思い出してください。「トムとジェリー」ですよ。ほら、トムはこのアニメの中で何度も何度も死にますよ。ダイナマイトで吹き飛ばされる。ナタで半分に切られる。電柱にペチャンコにされる。銃で眉間を撃ち抜かれる。でも、1秒後には生き返って元気よくジェリーを追いかけていましたね。トムが不死身なのにはきちんと理由があったのです。

　ペンギンについて少し説明します。ペンギンは何種類もいて、一番大型種は皇帝ペンギンです。最大130cmを超えるものも生息するそうで、カワイイ生き物と思っている日本人にはとても驚きです。下手に近づくとつつき殺されそうです。また漢字では「人鳥」と書きます。日本人はペンギンの二足歩行という特徴を重視したのです。一方英語の世界ではその特徴を二足歩行ではなく、逆に歩くのが苦手な特徴とあの鋭くとがったくちばしとを重視しました。ほら、テレビや動物園で見覚えがありませんか。ペンギンは歩くのが苦手なので、氷上をお腹で滑走することがよくあります。しかもとがったくちばしをピンと伸ばして滑走します。先端をとがらせたジェット機がうなりをあげて滑走していく姿が思い浮かびませんか。このイメージから「（練習用）地上滑走（戦闘）機」という意味が出てきたのです。また penguin には他に「カトリック教会の修道女」という意味があるのは、これは尼さんが装着している黒い尼僧服を特徴として捉えた結果だろうと思われます。ペンギンは頭が黒いですから。

　さてでは、いくつか付け足します。tiger（虎）はその威風堂々とした姿形から、「残忍さ」「強さ」の伝わってくる意味を

持ちます。「残酷な人」という意味です。cruel as a tiger は「虎のように残酷な」という意味のイディオムです。ride a tiger で「危険な生き方をする」です。虎の背に乗っている姿を想像してください。危なくて仕方ないですよね。次に lion ですが、虎よりも「正義の味方」的要素があるようです。「勇者」「大物」という意味を持ちます。the lion of the day で「今をときめく人気者」です。see the lions というイディオムがありますが、これは昔、ロンドン見物に来た人には、まず最初にロンドン塔で飼っていたライオンを見学させたという逸話からできたもので、「名所見物をする」という意味です。また英国国家を象徴する動物がライオンです。ライオンは大英帝国時代を持つイギリス人の高きプライドを満たしてくれるのでしょう。ということで、ライオンの群れは pride と言います。a pride of lions で「ライオンの群れ」です。面白いですね。次に whale（鯨）についてです。英語の世界では whale はとても「陽気」です。a whale of ~ で「無茶苦茶素晴らしい」という意味になり、I had a whale of a time. で「あー、楽しかった」となります。He is a whale of a teacher.「あの先生、超グレートだな」となります。

さて、日本語に移りますが、日本独自のイディオムとして、刀や戦（いくさ）に関わるものがたくさんあります。「伝家の宝刀」「つばぜり合い」「そりが合わない」「元の鞘に収まる」「旗色が悪い」「天下分け目」「背水の陣」などです。仲の悪い夫婦のことを「そりが合わない」なんて言いますね。刀のそり方と刀を納める鞘のそり具合が悪くて刀が鞘に収まらないわけです。一度ケンカしたら「元の鞘に収まらない」ほどお互いに「そりが合わない」のでしょう。また、全ての退路を断ち切っ

て乾坤一擲の大勝負をすることを「背水の陣」と言いますね。戦では勝っているときは旗は前向きに傾げて前進していますが、負けている時は旗を肩に抱えて後退します（逃げます）。そういう旗の動きを見れば、形勢が悪いことはすぐに分かります。これを「旗色が悪い」と言います。日本の cliché にも面白いものがたくさんあります。

生活・習慣・食事・健康編

1　スマホなしの寝床＋いい睡眠＋朝ご飯＝健康な生活

　20代、30代の50％以上の人が寝る直前までスマホなどの端末機器をいじくり、うち70％が不眠の症状があるらしいです。高校生のパーセンテージはきっともっと高いはずです。もうこれは一つの「病気」です。寝不足気味だと寝起きが悪くなり、当然食欲が減退し、朝食抜きの生活に陥ります。朝食を抜けば、脳みそは不活性のままとなり、同時に身体は低体温状態です。低温の身体からはエネルギーは湧いて来ず「半睡眠状態」のまま授業、仕事となります。こんなことで、どうしてきちんと一日の成果が生み出せるでしょうか？そしてどうもこういうタイプの人ほど、ハンバーガーなどのジャンクフードや菓子パン、駄菓子を好み、清涼飲料水ばかり摂取するようです。身体はますます不健康になっていきます。「左手にスマホ、耳にはイアホン、そして右手にはジュースのペットボトル」というのが不健康な若者の典型的な姿なのだそうです。

　一日のスタートは「朝ご飯」であることを絶対に忘れないでください。朝ご飯をきちんと食べることで人間の身体や脳みそはその日一日の活動をスタートできるのです。朝ご飯は睡眠状態から活動状態へのスイッチなのです。そして朝ご飯をきちんと食べるためには、良質の睡眠を十分にとることが不可欠です。また十分な睡眠をとるためには、正しく寝る準備を行わなければいけないのです。寝る直前までスマホをいじくっていては脳みそはクールダウンできず、興奮状態がずっと続きます。そんな中でしっかり眠れるはずがありません。布団に入るときには端末機器は手元に置かないようにしましょう。脳みそを静か

生活・習慣・食事・健康編　1

に休めることから良質の睡眠は確保できるのです。「良い睡眠と朝ご飯」。これが健康な人間に育つ一番の基本なのです。では、①「睡眠と朝食があなたの良い一日をスタートさせる」を英語に換えよう。下の①の中を並べ替えよう。次に② The lack of sleep and no breakfast makes a bad life.を和訳しよう。

　ほら、授業中に居眠りばかりしているあなた！メールやライン遊びなどでスマホ中毒になってはいませんか？あなた、体温が低いですよ！朝ご飯抜いてきたでしょ？お菓子やジュースばかり摂取していませんか？質の悪い睡眠と朝食抜き、その上でのジャンクフード、あなたを必ずダメにします。

① (breakfast,　starts,　day,　your,　and,　sleep,　good).
② The *lack of sleep and no breakfast makes a bad life.
　　(*lack 不足)

正解：　① Sleep and breakfast starts your good day.
　　　　② 睡眠不足と朝食抜きであなたの人生ダメになる。

解説：　②はいろいろな訳が出てきますが、英語力の高い生徒には特に、楽しい和訳を進んで作るように指示しましょう。教師が黙っていると、「睡眠不足と朝食を食べないことはあなたの悪い一日になります」という類いの直訳ばかりが出てきます。思いっきり楽しくパンチの効いた和訳をするように指示しましょう。こなれたシンプルな日本語を工夫させることも英語学習の目的の一つです。模範訳は七五調にしています。
　　　　さて、この題材は、私が最も得意とし、気合いを込めて生徒

に話し立てるものの一つです。新入生と保護者を一同にした入学式後初のホームルームで最高の効果を生む題材だと思っています。「先生のあのお話のおかげで、家でも自信を持って子どもに言い聴かせることができています」と何度も感謝されました。

　簡単に図式化すると、「健康な生活　←　朝ご飯　←　良い睡眠　←　良い寝入り　←　スマホのない寝床」です。「健康な生活」を手に入れるための条件を書くと、必ず時間的に遡らざるを得ないのです。つまり、「健康な生活は、もう既にその日の前から決められている」ということです。ことさらスマホと良質な睡眠との関係は重要です。人はメール遊びをしているとき、その脳みそはギンギンに活性化しています。相手に誤解を与えるようなメールを送信してはいけないことは誰もが認識していますので、送信ボタンを押す直前はかなり緊張しています。内容が踏み込んだものであればあるほど緊張は増します。また、受信したメールへの返信が遅れれば遅れるほど、ますます脳は緊張します。それでもメールを作成し、送信します。そしてまた、なかなか来ない返信を待ちます。もう脳みそはクタクタです。そうこうしているうちに深夜1時近くになりました。早朝課外授業が7時30分からなので、通学時間を計算すると、起床は6時です。寝られるのは5時間です。さっ、寝よ、とスマホを枕元に起き、目をつぶります。でも眠れないのです。脳みその緊張が解けないからです。結局脳みそが眠ってくれたのが40分後の1時30分でした。睡眠時間は4時間30分となりました。そしてこんな生活が何年も続くのです。良いわけないでしょ！

　先日、(高校) 2年生のあるクラスで手を上げさせてみました。

生活・習慣・食事・健康編　1

　枕元にスマホ（ケータイ）を持って行く生徒の割合はほぼ100％でした。布団に入っても、スマホを扱う気は満々なわけです。授業中に居眠りの多い生徒はまず間違いなくスマホ中毒です。そういう生徒を見かけたらすぐに声をかけ、必要とあれば保護者にも生活の改善の協力を取り付けましょう。私は生徒たちに言います。「スマホではなく、小説を枕元に置いていなさい。一番好きな場面に栞を差し込んで。そしたら、自然に脳みそは眠ってくれます。毎晩同じ箇所ばかり読んでいる自分に気がついたら、良い眠りを取っている証拠です」と。

2　見つけよう、あなたの適材適所　− 自らを語らずして何が教育か！

　あなたは弁護士や医者や科学者になる権利があります。天文学者でも宇宙飛行士でも、アメリカの大統領でも、考えられる限りどんな職業にでも就ける権利があります。ただ、人には個人的適性とか専門能力とかがあって、たどり着けない職業がたくさんあるのです。たとえば、私はどんなに勉強しても、医者にはなれなかったと思います。だって、数学も理科も教科書を見るだけでも嫌だった人ですから。また、プロ野球の選手にもなれなかったとも思います。そんなにセンスがあるわけじゃないですから。私は高校の英語の教師になりましたが、教職が私にとって一番適切な場所だったと心から思います。

　人間はどんな職業にも就ける権利は持っていますが、個人差によって「なれる職業となれない職業」があるものです。これは仕方ないです。ということは、一番大切なのは、「この世の中で自分にとって一番適切な場所」を見つけることではないでしょうか。これを「適材適所」と言います。では、これを英語で書いてみましょう

　　　　ヒント：「適」は「正しい」と考えよう。「材」とは「人のこと」、「所」とは「場所」だ。

適材適所：　（適　　　　　）（材　　　　　　）
　　　　　　　　　　　　in the（適　　　　　）（所　　　　）

正解：　right person in the right place

生活・習慣・食事　健康編　2

解説：　私の前任校（2019年3月一杯まで）は商業と家庭科の専門高校です。いわゆる進学校ではありません。したがって早朝課外授業は基本的にありませんし、進学校にあるようなゴリゴリ押し込め教育もしません。そんな高校の生徒によく言うことがあります。「俺はこの学校のような卒業生こそが、人々の娯楽や趣味の世界を支えていると思う。例えば、東京大学出身のパティシエがいるだろうか。京都大学出のトリマーがいるだろうか。慶応大学医学部出身の観光バス運転手がいるだろうか。一般人の市民的娯楽や趣味を満足させている職に就いている人たちは、君たちのような高校の出身者がとても多いと思う。人が一番楽しさや喜びを味わえる分野を支えているのはこのような高校の卒業生ばかりだ。人の幸せを支えられるというのは素晴らしいことだ。みんなも自信を持って生きていこう。君らは常に right person だ。だから right place を見つけることが肝心。今をこそ力一杯生きる。必ずそれは見つかる」と。

　さて、「適材適所」は四字熟語ですね。この四字熟語もまた良い題材になります。ウェブからそのまま取ってくるのも良いですが、教師自身が英文を作っていろいろ工夫する方が生徒には勉強になると思います。「一日一善」「十人十色」「森羅万象」「七転八起」「乾坤一擲」「一期一会」…どうですか。楽しいクイズができそうな気がしませんか。例えば「森羅万象」をたった一語の英単語に換えさせます。正解は all や everything です。また、教師が Each and every thing and life in this world などと作文して、「森羅万象」という日本語を選ばせる。また、森羅万象の意味を説明した上でlife と world を（　　）に入れて、英単語を考えさせるなど。「十人十色」なら、語彙力レベルの低い生徒には「十人十色」= You have your

91

idea and I have（　）.と書いて、該当するmineを答えさせる。またレベルの高い生徒にはEveryone has（　）own opinion.という例文を与えて（　）を当てさせる。正解はtheirです。これでeveryはtheirで受けるという文法を学ぶことができます。などです。いろいろ工夫できます。また四字熟語は人類の知恵の結晶です。そこからいくらでも深い中身の授業に入っていくこともできます。

　私の「適材適所」の「適所」は、「しゃべりで人の心をノックする場」です。

　学校は教師のいろいろな話が語られる場です。入学式、卒業式、終業式、始業式、学年集会……。しかしはっきり言います。どれもこれも中身が乏しい、というより中身がない。一番多いのが先人の言葉や警句を引用して解説を加え、「では頑張りましょう」で終わる方式の講話です。あるいは、「あれはするな、これはするな」式の説教です。恐らく生徒の心に残るものは何もないでしょう。また、結婚披露宴で多いメインスピーチは、会社の上司による無味乾燥なスピーチです。参列者の心をほとんど引き付けることができません。時間の無駄と言ってしまえばその通りと言えるものがほとんどです。が、教師が生徒に聴かせる話はそうであってはいけません。生徒の心を捉えられない話の原因は、一括りで言うと、話し手自身の「間違った慎ましさ」です。

　私は生徒の前で話をするとき、私自身を前面に出そうとします。自分のやってきたこと、自分が感じたこと、自分が泣いたこと、笑ったこと、怒ったこと、心に決めたことを散りばめます。生徒に何を求めるか、生徒にどう生きて欲しいかを考えさせるのが私たちの仕事の大黒柱です。教師自ら自分を語らずし

て、どうして生徒の心が動くでしょうか。他人の話、他人の言葉、命令調の説教話……。だめに決まっています。私は、失敗の話でも良い。情けない姿を吐露しても良い。肝心なのは、自分という人間を生徒の前にさらけ出すことだと信じています。多くの教師はこれができません。自分をさらけ出すのが怖いのか、恥ずかしいのでしょう。それを私は「間違った慎ましさ」と呼んでいるのです。私がその「間違った慎ましさ」を失った状態で話をしているとき、生徒は真剣な目を向け、じっと聴いてくれます。

　私は教え子の結婚披露宴でメインスピーチを何度も引き受けてきました。一度、友人スピーチを終えた参列者から問われたことがあります。「どうやったら先生のようにうまくしゃべることができるのですか？」私は答えました。「心でしゃべることです。口でしゃべるのではありません。心でしゃべれば、勝手に口は動きます」と。

3　s・t・r・e・s・sは何の頭文字？　−　面白い単語たち大集合

　「ストレス（stress）は万病の素」と言われます。私はこれまで環境変化のたびに大変な目に遭ってきました。転勤したときのことですが、手足に醜く痛痒いブツブツができて止まらない。病院に行っても治らない。あるいは原因不明の鼻からの大出血。タライが一杯になるほどボトボト出血しましたよ。また、高校入学直後、緊張から下痢を起こしました。下痢の大波をこらえながら気絶しそうになったことを覚えています。壮絶でしたね。これらすべての症状が stress からのものでした。

　さて、あなたは stress からどんな症状を経験しましたか？ストレスとのつきあい方があなたの人生を大きく変えると思いますよ。あなたに合ったストレス解消法を持っていてください。では質問です。一般的によく取り上げられるストレス解消法は6つあり、この6つを英語に変えたときのそれぞれの頭文字は、面白いことに、s・t・r・e・s・s（ス・ト・レ・ス）となるのです。さて、それぞれ、何という英単語の頭文字でしょうか？当ててください。

ヒント：
　　S：　「笑点」でも見ましょうか!?気分は晴れるかも。
　　T：　ちょっとお金はかかるけど、知らない土地に行って気分転換！
　　R：　いい音楽や映画で心と身体を癒やしましょう！
　　E：　これをやる人が多いけど、お金もかかるし身体によくないね！
　　S：　身体を一生懸命動かせば気分も晴れるよ！
　　S：　これだったらお金もかからないし、身体も休まる。いい夢見てね！

生活・習慣・食事・健康編　3

＊お互いの　①「ストレスによる症状」と　②「ストレス解消法」を話し合いましょう。

S；　　T；　　R；　　E；　　S；　　S；

正解：　S；smile　T；travel　R；relax　E；eat　S；eat　S；sleep

解説：　どうですか。あらゆる点で申し分ない題材です。①②もしっかり話し合わせましょう。生徒たちの間で、ラッキーな新発見があるかもしれません。意見を交流し合うにも優れた題材です。
　　ところで私のストレス解消法は、①妻に相談する。②酒を飲む。③英単語帳を眺める、です。私の本棚には、手のひらサイズの自作の単語帳が40冊ほどあります。英語学習をする中で出会った新しい単語や粋な表現を例文とともに記した手帳です。部活動の試合前とか電車に揺られているときとかいろんな場面で眺めています。この手帳が私の情報発信源にもなっています。私の宝物です。
　　出題例と同類の題材に、薬物依存症に関わるものがあります。説明します。薬物依存症の人が再び薬物に手を染めるきっかけとなるものは4つあるといいます。まず、①腹ぺこのときです。②怒っているときです。③孤独を感じているときです。そして④疲れているときです。さあ、①〜④に当てはまる形容詞を答え、その頭文字を取ってください。①が hungry、②が angry、③が lonely、④が tired ですね。そして頭文字を取ると、halt になりますね。halt ってどういう意味ですか？「やめる」と

いう意味ですね。そう、Halt! で、「（薬物は）やめろ！」となるわけです。面白いでしょ！

　類似題材に news があります。「ニュース」です。ニュースは四六時中、「どこからでも」入ってきますよね。この「どこからでも」に当てはまる方角を4つすべて答えてください。north, east, west, south となりますね。そこで頭文字を取ってください。あらら、news です。不思議ですね。

　さらに類似問題で iPhone に関連しての問いです。iPhone や iPod の i にはどんな意味が込められているか生徒に考えさせてください。interest, individual, information, innovation, inspire, inform, instruct などの高級な単語たちの i です。また多種多様な教育コースを持ち、今大きな注目を集めているのが沖縄に本拠を置く N 高等学校です。この高校はインターネットを通じて運営される独創的な高校です。この N の意味する単語もまた生徒に考えさせてください。Net, need, new, neutral, next, natural などです。生徒の興味を引きながら単語の学習につなげる良問です。

　補足で、面白い単語をいくつか紹介しましょう。クイズです。① almost は英語界で、ある意味で王者なのです。ではどういう意味で？②英語界で最もアルファベット数の多い単語とは？

　①の正解は、「アルファベット順に綴られる単語としては最も長い単語である」です。生徒へのクイズで使ってみてください。②は floccinaucinihilipilification です。29文字あります。「フラクシナーサナイヒリピリフィケイション」と発音され、アクセントは最後の「ケイ」にあります。後半の「ヒリピリフィケイション」を生徒に高速で発音してあげてください。それだけで爆笑とれます。この単語の意味は「意味がない」です。

職員会議中に必死に覚えた単語の意味が「意味がない」ですから、これはもう、笑うしかありませんでした。pneumonoultramicroscopicsilicovolcanoconiosis「ニューモノアルトラマイクロスコーピックシリコボルケイノコウニオウシス」という単語があり、45文字のこれが最長とされることもありますが、これはいくつかの単語を組み合わせただけの造語ですので対象外と私は考えています。意味は「肺塵症」です。鉱山などで働く労働者がかかる肺の病気です。ほら、pneu は「肺炎」pneumonia の pneu で、volcano は「火山」、最後の osis は何らかの「疾患」を表す単語です。「骨粗しょう症」は osteoporosis、「ノイローゼ」は neurosis ですから。

　最後にトランプ大統領に登場してもらいます。Trumpと綴られます。これはカード遊びのトランプに相当する単語です。ただし、英語ではトランプはcardsであり、trumpは「切り札」という意味です。えっ!!!?　トランプ大統領は「切り札」？ そうなんです。しかも動詞で使うと、「何もかもやっつける」という意味になります。President Trump trumps anyone. で「トランプ大統領は敵なしだ」となるのです。なんという偶然というか、なんという皮肉……。

　このほかにも面白い単語はたくさんあります。私は出会ったときに自前の単語帳にすぐに見出しに書き付けるようにしています。教師の引き出しの数が多ければ多いほど深い授業ができます。

4　留学中の日本人どうしは、なぜ日本語でしゃべるの？

　英語文化圏（アメリカ、オーストラリアなど）に留学（study trip）中の日本人どうしがカフェテリアやロビーでお互いにおしゃべりをするとき、一般に、英語で会話することが多いでしょうか、それとも日本語でしょうか？どちらだと思いますか？正解は………………………………日本語です。留学中の日本人どうしでは、日本語で会話することが普通なのだそうです。ではその理由は何でしょうか？次を読んで、班で話し合ってください。

ケース①　〈日本人学生とアメリカ人教授との会話〉
　日本人学生　　：　Good morning! You look very fine. Did you have a nice weekend?
　アメリカ人教授：　Well, I had a great time with my family, thank you.

ケース②　〈日本人学生と日本人教授との会話〉
　日本人学生：　おはようございます、先生。とても顔色がよろしいようにお見受けいたします。週末はいかが過ごされましたか？
　日本人教授：　あぁ、家族と一緒にね、楽しかったよ。

正解：　英語には日本語のようなきめ細やかな尊敬語・謙譲語がなく、子どもに対しても上司に対しても、使う単語や表現に大きな違いはない。話し相手が自分の恩師であるなら、日本では「〜先

生」と呼ぶが、英語ではyouである。日本人は上下関係を重視しながら言葉を選ぶ民族なので、英語で先輩や上司や教師と話をしていると、自分がとても生意気な人間のように思えてしまう。だから英語は避け日本語を使う。

解説： 実に興味深い題材です。日欧の文化の違いを認識することができます。しっかり生徒に話し合わせましょう。

5 shotgun weddingとは？ － 教師はどう考えるか

　昔、アメリカのどこかで、娘を妊娠させられた父親が怒り狂って、相手の男にショットガンを突きつけて娘との結婚を強要したという出来事がありました。ここから、shotgun wedding（ショットガンウェディング）という言葉が生まれました。さて、問題です。①現代ではこの表現は何と言う意味で使われているでしょうか？②結婚する前に妊娠すること（させること）には、どのような悲劇が起こりうるでしょうか。悲観的観点から、いくつか挙げてください。

正解：
　　　①できちゃった婚
　　　②（班活動でさまざまな意見を吸い上げましょう）妊娠させられた女性側の親にとっては言うまでもなく、させた男側の親からすると、こんな迷惑な話はないでしょう。女性側に謝罪に行かなければなりませんし。本来なら両方の親にとって最高の吉報であるはずなのに、「できちゃった」ことによって双方ともとても嫌な場面をくぐり抜けなければなりません。ただひたすら頭を下げるしかなかったという実話を私は当人から聞かされたことがあります。男性にとっても女性にとっても望まない妊娠だったというケースも多々あることでしょう。カップルが若ければ若いほど悲劇率は高いと思われます。

解説：　shotgun marriage とも言います。marriage of necessity、南アフリカでは must marriage と言うらしいです。文章で言

うと、They had to get married. It's a rush down the aisle. というものもあります。had to と過去形で表現しているところが味噌です。aisle とは新郎新婦が歩く結婚式場の花道のことで、rush とは急ぎ足のこと。要するに、慌てて結婚式を挙げ、急いで夫婦になることです。もちろんお腹の赤ちゃんのために。unmarried wedding や marriage due to pregnancy でも通じるはずです。なお shotgun wedding にはもう一つ説があります。妊娠した娘の父親が撃ち殺そうとしているのは相手の男性ではなく、自分の娘であるという説です。ショットガンは二発の弾が込められる銃で、一発は娘、もう一発はお腹の赤ちゃん用で、男に「今すぐ結婚しないんだったら娘と赤ん坊を撃ち殺すぜ」という脅しです。おーこわ！

　この話題になると私は必ず、「こんな結婚の仕方、どうかねぇ？」と生徒たちに言葉を添えます。できちゃった婚の今日の割合は25％です。実に4組に1組ができちゃった婚です。私たちは教師です。できちゃった婚を容認する立場に立っていてはいけないと思います。かといって頑固に反対する立場を押しつけるわけでもなく、キチンと生徒たちに考えさせることが大事だと思います。大事なことは、本当に愛する人を大事にするとはどういうことかを考えさせることです。ここを最大のポイントとして、妊娠すること、させることをしっかり考えさせることです。

6 「タバコは百害あって一利なし」は英語で?
― 反社会的行為「喫煙」

　タバコ（cigarette）について学びましょう。タバコは知ってのとおり、肺がんを引き起こす最大の原因であり、妊婦さんのお腹の赤ちゃんに対する健康被害も医学的に証明されています。忘れてはならないのが「受動喫煙」です。これは自分はタバコは吸わないのに、他人のタバコの煙を吸わされてしまうことです。他人のタバコの煙を「副流煙」といい、吐き出された煙よりはるかに有害なのです。「分煙化」が叫ばれるのはこのためです。日本においても公共の場所（駅、病院、デパート、役所、飛行場など）での喫煙はほぼ全面的に禁止されており、飲食店でも禁煙化は加速度的に進んでいます。博多の天神、黒崎駅周辺、小倉駅周辺などでは喫煙行為には罰金が課されます。また、非喫煙者を優先して採用する企業もあります。一般人が「不快と感じる迷惑行為」の中には、「路上（歩き）喫煙」、「公共の場での喫煙」、「タバコのポイ捨て」が上位を占めます。人類の喫煙への立場は今後もますます厳しいものとなるでしょう。喫煙は、紛れもなく「反社会的行為」であると名指しされる時代はすぐそこです。では、ことわざ「タバコは百害あって一利なし」を英語にしましょう。

　　　ヒント： 「タバコから得るものは何もなく、失うものは全てである」と発想しよう！

You have (　　　　　) to get, but (　　　　　　) to lose.

正解：　You have nothing to get, but everything to lose.

解説： nothing は割合正解率は高いのですが、二つ目に all と答える生徒がほとんどです。模範解答は everything です。nothing と韻を踏ませることに大きな意義があります。

　喫煙は私が最も得意とする分野です。私はこの喫煙の話題に入ると、もう言葉が止まらなくなります。私は20歳から40歳までタバコを吸っていました。いや、正確にいうと、マイナス10カ月から40歳までタバコを吸っていました。さらに正確にいうと、マイナス10カ月から20歳まではタバコを吸わされ、20歳から40歳までタバコを吸っていました。どういうことか、それは、マイナス10カ月から20歳までは、死んだ父親の受動喫煙者であったということです。父親は一日1箱以上吸うスモーカーでした。父親が家にいるとき、家中がタバコの煙だらけでした。私は母親のおなかの中にいるときからタバコの煙にいぶされていたわけです。そして20歳からは自分で吸っていたわけです。この話をしながら私は生徒に言います。「俺は70歳で死ぬ。死因は肺がんだ」と。肺がんで死ぬとは悲惨な死に方です。私の父親は当然肺がんで死んだわけですが、その主治医が言っていました。「私は肺がんで死にたくない。肺がんとは意識ははっきりしていながら呼吸ができなくなる病気です。こんなに苦しい死に方はありません」と。

　現在中国人がタバコのチャンピオンです。世界の3分の1のタバコを中国人が消費しています。数百万人が今後タバコで死んでいくんです。かと思うと、同じアジアのブータンではタバコは国の法律として禁じられています。タバコを吸うことができるのは、ほんのプライベートな場所においてのみです。歩きタバコなどご法度中のご法度です。日本においても今、東京オ

リンピックを念頭に、受動喫煙の問題がクローズアップされていますが、ある保守政党のトップの地位にいる政治家が平気で「タバコの害？そんなものあるのかね？」などとうそぶいている始末です。日本もタバコ後進国ですよ。

　そしてタバコを吸う人はおおむねマナーが悪いです。さすがに公共の場で喫煙する人は見かけなくなりましたが、歩きタバコは相変わらずです。私は歩きながらタバコを吸っている人の後ろを歩かないようにしています。副流煙が容赦なく襲ってくるからです。そいつを「馬鹿が！」と心の中で毒づきながら早足で追い抜きます。歩きタバコをする奴は、自分の煙の行方まで責任を取ろうとしません。タバコを吸うこと以外考えないからです。私は煙を私にぶち当てた喫煙者にはその都度謝罪してほしいと思っています。人間は、少し手足が相手に触れただけでも「すいません」と謝るのに、煙をぶつけても絶対に謝りません。タバコの煙は人の健康を損なうことは知っているはずなのに。私は見も知らない他人の煙に命を削られているのです。奴らは犯罪者です。あぁ、ワープロを打ちながら言葉が堰を切ったかのように流れ出ます。私の反喫煙教育は、日本一の自信があります。今回はこれくらいにしておきます。

　反喫煙教育は私たち教育に携わる者が決して素通りしてはいけない大切な命題の一つです。タバコの害悪を健康面のみならず、幅広くグローバルな観点から力強く伝えていきましょう。タバコを吸うことはもはや反社会的行動であるという立場に立つことです。長崎大学が、職員採用に関して、喫煙者は採用しないという方針を打ち出し議論を呼んでいます。もうそんな時代です。

　因みに You have nothing to get. を You have nothing to

lose. に変えると、これなら「失うものは何もない」となり、「ダメもとだ。やってみよう！」Let me go for broke. と同義のポジティブな意味を持つようになります。

7 loveとは「決して後悔しないこと」
― 愛咬を首筋に付ける高校生たち

　愛をテーマにした古典的名作映画「ある愛の詩」で、不治の病に侵されたJennifer（ジェニファー）が死ぬ直前に、愛する夫Oliver（オリバー）に残した言葉は、Love means never having to say "You are sorry."です。これは「愛とは決して後悔しないこと」と翻訳されています。「どんなに悲しくつらい結果が待っていようとも、後悔のない愛し方、愛され方。それこそが本物の愛」という意味です。皆さんも、決して後悔の入る余地のない揺るぎない愛を探し求めてください。では、愛 love をテーマにした問題です。記号でくっつけましょう。

love triangle　　love letter　　lost love　　love-sick　　first love
lovemaking　　love song　　love story　　love seat　　love scene

a 二人掛け用ソファ　　b 恋患い　　c 初恋　　d 失恋
e（映画などの）濡れ場　　f 三角関係　　g セックス　　h 恋の歌
i 恋文　　j 恋愛小説

正解：　love triangle（f）　　love letter（i）　　lost love（d）
　　　love-sick（b）　　first love（c）　　lovemaking（g）　　love song（h）
　　　love story（j）　　love seat（a）　　love scene（e）

解説：　大富豪にして弁護士を目指す恵まれた環境のオリバーと、イタリア系移民にして駄菓子屋の娘ジェニファーの純愛の物語で

す。困難を乗り越えて結婚した二人になかなか子どもが宿りません。病院の診察を受けたジェニファーにつらい現実が告げられました。彼女は白血病に侵されており、あと幾ばくもない命と宣告されました。死に行く病院のベッドの中で、ジェニファーはオリバーに Love means never having to say "You are sorry." という言葉を贈り、崩れそうになるオリバーを必死に支えようとするのです。涙なくては見ることができない感動のシーンです。皆さんもぜひ、この映画「ある愛の詩」を見てください。なお、英語のタイトルは A Love Story です。

　puppy love「子犬の恋 → 幼く淡い恋」、love child「私生児」、love nest「男女の密会の場所」。「好きでやってる仕事」labor of love、There is no love lost between Trump and Hilary.「トランプとヒラリーは犬猿の仲だ」です。また、愛する相手に Love me, and love my dog. と要求することがあります。「私を好きなら、飼い犬も好きになってね」と、「自分の全てを愛して」と要求しているのです。楽しい表現です。

　さて、love bite って何でしょうか？直訳すると、「愛の噛みつき」です。そうです、「キスマーク」のことです。hickey とも言い、日本語では「愛咬（あいこう）」と言います。

　キスマークを首筋に付けて何食わぬ顔で生活している生徒を何人も見てきました。男子生徒も女子生徒もです。キスマークを相手に付けるのは一種の縄張り意識のようなものなのだそうです。すなわち、キスマークを相手に付けることは、「この子は俺の女だ。手を出すな！」「この人は私のものよ！」という周りへの一種の威嚇行為です。しかし教師はそのような論理にしっぽを巻いてはいけません。気がつかないふりもできません。私は勇気を出して指導をしてきました。それが恥ずべき行為で

あり、決して容認されるべき類いの行いではないことを子どもたちに説いてきました。ある女子生徒に話を聴かせた後、次のような手紙を渡しました。

①愛し合っているならば、キスをしたりセックスをすることもあるだろう。しかしそれは究極的にプライベートな行為である。お前はどうしてそのプライベートな行為の痕跡を、他人に見せようとするのだ。それは見えるのだ。人の目に飛び込んでくるのだ。
②男と女のそのプライバシーを見せつけられて、不愉快にならない人間がどこにいる？
③恋愛やそこから生じる性的行為とは、愛し合う男と女だけの秘め事である。だからこそ恋愛は美しいし、甘美なものなのだ。しかしだからこそ人目に触れたとたんに不潔さと汚らわしさを放出し始める。
④見たくもないものを無理やり見せつけられる義務は誰にもない。見たくもないものを無理やり見せつける権利は、誰にもない。
⑤そんな汚らわしいものを首に付けて人前に出ることが自分を大切にすることか？

　そしてその後、彼女のつきあっている男子生徒に次の手紙を渡すように諭しました。

①君は彼女の首にキスマークをつけることで、「こいつは俺の女だ」と、他の男たちに向かって誇示しているつもりだろう。しかし、周りの人たちは、首に内出血を付けた女性を軽蔑する

ものだ。
②自分の愛する女性が、君の仕出かしたことのために、周りから軽蔑的な目や哀れみの目で見られている。これは、愛する女性を尊重することか？首にキスマークを付けることは愛する女性を大切に扱っている証か？愛する女性を守ってやるとはそういうことなのか？君は本当に彼女を大切にしているのか。

　数日後、彼女から私へ報告がありました。私の手紙を二人で読んだ後、二人でしばらく話し合ったそうです。

　話は変わりますが、二葉亭四迷という文学者がいます。明治初期に活躍した人ですが、この文学者が日本人で初めて love を日本語に和訳した人なのです。さて、この文学者、love をどう訳したと思いますか？ぶっ飛んじゃいますよ、ほんと。正解を書いちゃいますね。「死んでもいい」ですよ。鳥肌が立ちませんか？死んでもいい……。つまり、I love you. は「君のためなら死んでもいい」「君のためなら死ねる」という和訳が完成するわけです。すごいですね、文学者の力は。私のような凡人にはとても思いつかないほど強烈な訳です。しかも人の心を震わせるメッセージ性も十分です。
　いろいろな切り口からこの love を生徒に紹介してあげてください。本当に素晴らしい蘊蓄として使えます。

8　親から子への最高のプレゼントは？　－ 食育は親の大切な義務

　親との関係はうまくいっていますか。ケンカしてしまうことはあっても、いつのまにか必ず元に戻ってしまうものです。血のつながりとはそういうものです。親は子どものためなら何でもしてやろうとするものです。ありがたい存在ですよ。大切にしてくださいね。さて、あなた方の多くがあと10年もすれば、結婚し、子どもができて、親となっていることでしょう。そこで、自分の子どもに何かプレゼントしてください。3つ以上、英語で書いてください。

正解：　生徒が書いたものは全て正解です。

解説：　親が子どもに贈る最高のプレゼントは「健康」health だと思います。生徒は love、happiness、kind heart、big courage、peace、money などとたくさん書いてきますが、health を抜きにしてはあり得ないものばかりです。私たち教師だってそうです。二日酔い気味で学校に来ても、生徒の声が苛立たしいだけですし、授業にもいつもの力が入りません。頭が痛かったりお腹が痛かったりしたら、朝ご飯を食べる気にもなりません。大きな病気やけがで入院でもしていたら、happiness なんか味わえません。big courage の持ち主であっても、発揮の場所がありません。いくら kind heart を持っていても、何の効力もありません。健康な心身があってこそ、その人の持つ特性は生かされ、世の中の役に立つのだと思います。
　だから私たち教師・大人は食育をもっともっと推し進めるべ

きなのです。好き嫌いのある子はだめな子です。そして、子ども が好き嫌いを持つのは全て親の責任です。ニンジンの嫌いな親が どうして食卓にニンジン料理を出すでしょうか。キノコの嫌いな 親がどうして子どもにキノコを食べなさいと要求できるでしょう か。よく考えてみると、好き嫌いの対象になる食物に限って、人 間の身体に必要な栄養素を含んだ大切な食材ばかりです。

　私の二人の子どもは小さい頃から好き嫌いをすることを許さ れませんでした。二人ともお皿に盛られた料理を完食するまで は決してテーブルから離れることを私たち夫婦から許可されま せんでした。椎茸や鶏のレバー、野菜料理など全部食べ終わる まで待ちました。2時間くらいかかったこともあります。これ は戦いだと私は思っていました。子どものためにこの戦いに負 けるわけにはいきませんでした。泣きながら嫌がる姿を見ても いい気がするはずがありませんが、譲ることはできませんでし た。おかげで二人とも今では何でも美味しく食べられます。苦 手なものはあっても、食べられないものはありません。これに 限っては自慢の息子たちです。彼らから生まれる子どもも同じ ように好き嫌いなく育っていくでしょう。親が子どもに贈って やれる最高のプレゼントは、健康です。そしてそれは究極的に は、好き嫌いのない何でも食べられる食習慣です。

　この問いに「お金（money）」と答える生徒がとても多いです が、私は子どもたちには「お金は一切残しません。お父さんと お母さんと二人で全部使っちゃいます。家と土地はあげるけど、 お金は一銭も残さないので、遺産相続には期待しないように」 と言っています。そりゃそうでしょう。一人で生きていけるよ うに学校に行かせたのですから。そのために教育を受けさせて きたのですから。お金なんか自分で稼ぎなさい、で十分です。

9 リスペクトは「尊敬」ですか？ － それでは地球は救われない

　よく「リスペクト」という言葉を聞きませんか。でも皆さんはこの言葉の意味を正しく理解していますか。たとえばです。あなたの職場では今、Ａさんをリーダーにしてプロジェクトチームを組み、商品開発を行っているとします。あなたはその一員です。ところがあなたは自分のアイデアを、この直属の上司であるＡさんでなく、部署トップの別の上司に先に提案したとします。

　これであなたと直属の上司Ａさんとの人間関係は終了します。あなたは二度とＡさんから信用されることはないでしょう。

　また、あなたは部活動の副キャプテンであると仮定します。ある日、下級生部員がある事情があって練習を休むとの連絡を直接あなたは受けました。副キャプテンであるあなたは顧問の先生と数人の部員にはそのことを伝えましたが、キャプテンにだけは何も伝えませんでした。

　さぁ、キャプテンはあなたのことをどう思うでしょうか。少なくともあなたとキャプテンとの関係に大きなひびが入ってしまったことは確かです。

　さて、この2つの関係のもつれはいずれも、あなたがＡさんもキャプテンも「リスペクト」していなかったことから生じたことです。そこで質問です。①「リスペクト」を英単語で書いてください。②問題文に書いたプロジェクトリーダーのＡさんはなぜあなたに怒ったのでしょうか。班で話し合って下さい。③リスペクトの日本語の意味を書いてください。班で話し合ってください。

正解：　①respect　　②あなたはチームリーダーであるＡさんにま

ず相談するべき立場であったにもかかわらず、チーム外である別の上司に先に相談した。これはＡさんの顔に泥を塗る行為であり、侮辱したことになる。　⑤尊重

解説：　おそらくどの辞書にも respect の第一義に「尊敬」と意味を載せているでしょう。でも respect にはもっと大きくもっと大切な意味があります。それは「尊重」です。尊敬と尊重はまるっきり違います。「尊敬」とは常に相手の意志によるものであり、こちらが要求すべきものではないのに対し、「尊重」とはお互いが要求し合わなければならないものであることです。例えば、私は生徒に「俺を尊敬しろ」と言うことはできません。そんなことを言う教師がいるとしたら、その人は狂人です。尊敬するとは相手が本人に対して寄せる極めて個人的な気持ちであり、それは相手の心の中に自然に生じるものです。決して自分の方から相手に求めることのできるものではありません。

　しかし尊重は違う。尊重とは人間の存在そのものに起因するものであり、一人一人がお互いに与えるものであり、もらうべきものです。人間である限り、人間どうしで認め合っていかなければならないのです。したがって私は生徒に、「俺を尊重しろ」と要求することができるのです。しかし同じように生徒もまた私に「私のことを尊重してください」と要求することができます。尊重のない人間関係など本来あり得ません。年齢・性別・国籍などももちろん問われません。

　それにしても人間の世の中、一体どれだけ respect の精神が無視されていることでしょう。相手の存在を尊重しないことでどれだけ悲惨な出来事・事件が連日生じていることでしょう。いじめ・差別・排除・性的暴行・環境破壊・SNSを通じての

中傷合戦、行き着くところ戦争……。

　respect を失った人間関係が生み出すものとは、全て人間社会にあってはならない残忍なものばかりです。私たちは人間としての尊厳を誰にでも与え、そしてもらわなければならない生き物です。そう考え、そう生きていける確かな子どもたちを育てていきたいものです。

　respect は「尊重」という意味です。人間の世の中を良くしていけるかどうか、それは respect が鍵を握っています。respect は英語教育（外国語教育）の根幹をなす言葉です。

　なお生徒からは「尊重」という解答はほとんど出てきません。「尊敬」「信頼」「信用」というものがほとんどすべてです。であるからこそ意義のある設問です。「そんなものではない」と丁寧に respect の「心」を語りましょう。

10　コウノトリのデリバリーサービス？
　―「妊娠」をいくつ英語で言えるかな？

　赤ちゃんは空を飛んでやってくるんですよ。ほら、よく言うじゃないですか。「赤ちゃんはコウノトリが運んでくれるんだよ」と。欧米にはそういう言い習わしがあるのです。「コウノトリ」という産科医役の綾野剛が主演のテレビ番組もありましたよね。さて、コウノトリは stork（ストーク）と言います。では質問です。この stork を使って The stork is visiting us in August. などと言うことができます。さて、どういう意味でしょうか。us は「夫婦」と考えてください。

正解：　①夫婦に8月、赤ちゃんが生まれる。

解説：　欧米ではコウノトリは「円満な家庭生活、誠実な結婚、長寿、親孝行」などの象徴でもあります。正解は、「コウノトリが8月に夫婦のもとを訪れる」ですから、「8月に赤ちゃんが生まれる」となります。She is giving birth in August. とか She delivers a baby in August. と直接的に言わず、ユーモアを持たせた言い方です。The couple is going to have a visit from the stork. と表現しても同じ意味です。She got storked. なら「彼女は妊娠した」です。stork doctor といえば何でしょう？ もちろん「産科医」です。

　さてこの deliver という動詞ですが、「配達する」という意味でよく知られていますね。これが実は、コウノトリとの関係で実に面白い偶然（？）があるのです。コウノトリは赤ちゃんを運んでくる鳥とされています。つまりコウノトリは、赤ちゃんを配達してくれる鳥であり、出産を象徴するわけです。そして deliver には「配達する」の他に、「出産する」という意味が見事にあるのです。コウノトリの言い伝えが素になって deliver に「出産する」という意味が生まれたのかどうかは定かではありませんが、実に面白い事実です。生徒に話すと間違いなく「へぇ～っ！」と声が聞こえます。deliver の名詞形は delivery ですので、当然、「配達」の他に「出産」という意味があります。difficult delivery で「難産」、easy delivery で「安産」です。

　また labor にも「出産」という意味があります。女性にとって出産は「苦役」labor ということです。

　さて、出産の最中に日本では「さぁ、息んで！」とか「ヒー

ヒー、フーフー」とかいうかけ声がかけられるようですが、英語圏では実にシンプルです。「赤ちゃんをどんどんおなかの下へ押し出して!」という意味で、Push! Push! と看護師さんたちは叫ぶというのです。こりゃ、妊婦さんは息むしかないですね。

「出産」を持ち出しましたので「妊娠」にも触れましょう。pregnant は少々難易度が高いです。be (great) with child、be walking with a child、be in an interesting condition、be expecting a baby、be carrying (having) a baby、be with baby、be in the family way など婉曲表現がいくつもあります。すべて「妊娠している」という状態を表しています。great や walking、expecting などを (　) にしてヒントを与えながら生徒に当てさせると面白いです。I've got a bun in the oven. も同じ意味で、妊婦さんのおなかを oven (オーブン)、赤ちゃんを bun (パン) に例えたものです。仲のいい友達や母親への報告にはもってこいの表現でしょうね。なお oven の発音は (**ア**ブン) です。一番楽しい表現は I'm eating for two. です。「私、二人分食べてるの」ですから。なるほど感心しきりです。

　ほら、そこの男の子! That son of a bitch got my daughter into trouble. なんてセリフ、相手女性の親から言われないように気をつけなさいよ。「あのくそ野郎、娘をはらましやがって!」です。くれぐれも shotgun wedding (できちゃった婚) にならないように!

11 「鳥と蜂」って何のこと？ － 恐ろしい性感染症と性教育

　日本の性教育は「おしべとめしべの話」でしたね。では英語圏では何と何の話が性教育だと思いますか。
　それは「鳥と蜂」です。さぁ、英語で書いてください。

正解：　the birds and the bees

解説：　蜂のことを honey と勘違いしている生徒が多いです。きちんと確認してやりましょう。蜂や鳥は花から花へと移り飛び、植物の受粉を促進します。そうやって次の世代が生まれていきます。英語圏ではこの事実を捉えて、性教育のことを birds and bees と呼びます。sex education でもいいのですが、birds and bees は「生命誕生の偉大な秘密」みたいなニュアンスです。
　性教育の必要性が今日ほど学校教育に求められている時代はないでしょう。基本的に性教育は保健体育と家庭科の授業で取り扱われるのが通例ですが、私たち英語教育に携わる者がこれを避けて通って良いわけがありません。私たちもまた積極的に勇気をもって性教育を施すべきです。私の教師人生の中でも、妊娠によって学校をやめざるを得なくなった生徒が数人います。望まぬ妊娠により、中絶手術を受けざるを得なかった生徒の話も聞いたことがあります。高校生の妊娠が「望んだ妊娠」であるはずがありません。身も心も十分な準備ができていない状態での妊娠は、当人たちはもちろん、他に多くの人まで巻き込

不幸にする可能性が極めて高いです。

　もう一つは性感染症の問題です。現在日本では、梅毒が相当な勢いで若者を中心にして広がりつつあることがマスコミに取り上げられています。厚生労働省の発表では2018年では7,000件を超える症例が予想されました。20代の女性を中心に急増しているとの見解です。性病はSTDと英語では表記されます。sexually transmitted disease の略です。セックス（性的行為）によって広がっていく病気です。この事実を明らかにしたうえで私は生徒に、望ましい性（生活）のあり方を班で話し合わせます。「どうしたら性病感染を防ぐことができるか」と問うと、生徒からはさまざまな方策が返ってきます。コンドームを使用する、定期的に病院で検査を受ける、などいろいろな意見が出てきます。中には「一切セックスをしない」などという意見もあったりしますが、生徒は生徒なりに真剣に考えます。いずれにしろ、生徒にしっかりと考えさせなければならない題材だと思っています。

　私は黒板にまず男女二人の略絵を描き、その背後に複数の交際相手を描き、更にその一人一人の背後に複数の交際相手の絵を描いていきます。そして、北海道在住の人が持っていた性病が、九州に在住している交際相手に感染させられてしまうこともあり得ることを理解させます。笑いも起きますが、「愛する人を愛するとはどういうことなのか」「愛する人を大切にするとはどういうことなのか」をエネルギーをかき集めながら授業を進めます。「不特定多数の人とセックスしない」、積極的に言い換えると、「愛する人はあなただけ。セックスするのもあなただけという生き方をすること」が正解であろうと考えています。とにかく高校生にはとっても大切な課題です。

12　食べ放題レストランは英語で何という？
　－　自制しなさい！couch potato になっちゃうよ！

　ハンバーガー、ドーナツ、フライドポテト、フライドチキンはファーストフード の代表です。ファーストフードの特徴は、「速い、安い、旨い」の3拍子です。しかし、意外と知られていないのは、「栄養価が低い、カロリーが高い、どんな素材を使っているか信頼できない」の3拍子です。ところでアメリカ人は20歳以上の大人3人中1人、55歳以上の女性の場合、2人に1人が肥満で、子どもも5人に1人が肥満です。ちなみに、ここで言う「肥満」とは、「異常な肥満」のことです。この異常肥満現象に貢献しているものを3つ挙げましょう。①つ目はもちろん、ファーストフード店の大盛況です。②つ目は、アメリカのレストランなどで出される料理は、日本で言う「超大盛り」であることです。③つ目は、アメリカでは今や、ファーストフード店もレストランも大学や会社などの食堂も、その半数以上が「食べ放題形式」なのです。どうですか？アメリカの問題だと安心していてはいけませんよ。必ず日本人も巻き込まれます。というより、もうすでに巻き込まれている人はたくさんいるんじゃないですか？さて問題です。①「速い・安い・旨い」を英語に換えましょう。
② all-you-can-eat restaurant とは何のことですか。日本語に換えてください。

①「速い・安い・旨い」：＿＿＿＿＿＿　＿＿＿＿＿＿　＿＿＿＿＿＿

② all-you-can-eat restaurant：＿＿＿＿＿＿＿＿＿＿＿＿＿＿＿＿＿

正解：　① fast, cheap, delicious　　②食べ放題レストラン

解説：　最近では bottomless という単語も「食べ放題」という意味で使われます。「底なし」という意味でしょう。limitless、endless も同じ意味です。limitless steaks for 1,000 yen on Monday で「月曜日、千円でステーキ食べ放題」です。bottomless soft drinks なら「ソフトドリンク飲み放題」。Can I take bottomless soft drinks?「ソフトドリンク飲み放題にします」です。all-you-can-eat の後に BBQ や pizza などを持ってきて all-you-can-eat BBQ（pizza）とし、「焼き肉食べ放題」、「ピザ食べ放題」となります。ALL-YOU-CAN-EAT BBQ for 1,050 yen on Thursday! なんて看板があるかもしれません。

　　　　食べ放題店が流行るのには、人件費削減のためというのが大きいのも一因でしょう。客は自分で食べ物を取りに行くセルフサービス型ですのでその分店員数を減らすことができます。また、料理に専門性がさほど求められませんので、腕のいいシェフを雇う必要もありません。大量に具材を注文すればそれだけ安く仕入れることもできるでしょう。店にとっておいしいビジネスです。でも客である私たちは本当に気をつけましょう。食べ放題に行けば間違いなく食べすぎます。間違いなくカロリー大量摂取して退店します。翌日絶対に数キロ体重が増えてます。英語に Your eyes are always bigger than your stomach. というフレーズがあります。「人は目に映るものをたくさん食べようとします。胃の許容量より大きいのが目です。気をつけましょう！」という意味です。

　　　　次男を半年間カナダのバンクーバーに留学させていた時、私が一番心配していたのは、飛行場へ迎えに行ったとき、もう私

たちに見分けができないほどぶくぶく太った姿の次男と再会することでした。離日した時と変わらない彼の身体を発見したとき、本当にホッとしました。再会できた嬉しさより、太っていない彼を見た安堵の気持ちのほうがずっと大きかったです。
　ところであなたは一日野菜を何グラム食べていますか。一般に成人で一日350グラス摂取すべしと言われています。350グラムと言えばかなりの量です。これはもう、意識して摂取する以外に方法はありません。私は一時期、90キロ近くまで体重が増えたことがあります。そこから長いダイエットが始まり、今では73キロくらいを維持しています。朝、毎日家族分の野菜炒めや蒸し野菜を作り、昼ご飯用に大きめのタッパに詰めます。夜は妻も協力してくれ、炭水化物なしの野菜料理だけをおいしく食べます。
　私はこれだけでダイエットできました。もちろん間食は極力控えなければなりません。間食に限ってジャンクフードですし。ある研究によると、一日野菜350グラムとフルーツ200グラムほどで、寿命が3年5年と伸びるそうです。
　アメリカではこってり太った多くの大人が毎晩長いソファ

（カウチ）に寝転がって、コーラやポテトチップスなどをばりばり食べながら夜長を過ごします。彼らはカウチポテト（couch potato 長いすの芋）と呼ばれ、入院治療間近の人たちです。そのような太り方は obesity（オビーシティ）と呼ばれ、

病気と認定されています。他人事と思ってはいけないです。日本もまたジャンクフード天国ですから。

　そう言えば、私がまだ若い頃、就職試験で不合格になる生徒たちの共通するある特徴こそが不合格の要因なのではないかと疑う職員がいました。その要因とは「肥満」です。不合格になってしまった生徒に共通する顕著な共通点は肥満児であったことだったのです。私企業の中には肥満の志願者を「自制の効かない人」とみなし、積極的には雇いたくない、という見解の事業所もあるようです。

　子どもたちへの食育もまた、私たち教師・大人の大切な課題です。

社会問題編

1　セクハラ、Time is up！

　アメリカ人俳優アリッサ・ミラノさんや、歌手のテイラー・スウィフトさんが中心となって立ち上げた、インターネットの会員制交流サイトに、「＃MeToo」があります。セクハラ被害にあった女性たちがその性被害をインターネット上で告発するためのサイトです。日本でも爆発的に広がりつつあります。
　一般に、性暴力を受けた女性は声を上げることがとても難しく、泣き寝入りしてしまうことが多々あるのが現状です。今後はこの＃MeTooが、女性の強い味方となり、セクハラの沈静化につながっていくことでしょう。さて、では質問です。
①「セクハラ」は2つの単語の頭文字を取った言い方です。では、きちんと表記してください。
　②＃MeTooを和訳してください。
　③Meとは誰のことですか。具体的に答えてください。

正解：　①セクシャルハラスメント　　②「わたしも同じ！」
　　　　③性的暴力を受けたことのある女性たち

解説：　セクハラと同時に、パワハラ、アカハラ、マタハラ、モラハラにも言及しましょう。
　　　　2017年10月5日に、アメリカの大手新聞ニューヨークタイムズが、大物映画producerであるハーベイ・ワインスタイン

社会問題編　1

　氏が数十年にわたって繰り返してきた性的暴力について報道しました。これを機にワインスタイン氏は他数十名の女優やモデルから告発されました。彼は会社を追われ、富も名声も全てを失い、ハリウッドを去りました。まだまだ氏への告発と係争は続くでしょう。いずれにしろ、彼は人間としてもう終わってしまいました。
　この #MeToo 運動の盛り上がりは類を見ず、告発の場を得た世界中の女性たちを鼓舞しました。この運動が始動し始めて、何と2017年の残りがあともう2カ月弱しか残ってなかった中、#MeToo を象徴した5人の女性がアメリカ高級雑誌TIME誌の2017年 Person of the Year の表紙を飾ったのです。いかに大きな波であったかがこれだけでよく分かります。
　テイラー・スウィフトさんはその5人のうちの1人です。また、#MeToo と並行して、Time's Up という運動があります。「(性暴力は) もう終わりにしよう。時は来た！」という意味です。#MeToo は告発を主な目的とした運動ですが、Time's Up は性暴力そのものをなくすことを主眼とした運動です。このように、女性の権利と尊厳を取り戻す運動がものすごい勢いで世界を席巻しつつあるのが現代です。
　さて、オバマ前アメリカ大統領がまだ在任中の頃、女性への性暴力に関して「一人の被害者も出さないようにしよう！」と、ONE IS TOO MANY! というスローガンを打ち出しています。「一人でも多すぎる！」という意味です。この TOO と #MeToo の Too はぜひ生徒にはきちんと押さえてやりましょう。「〜もまた」はよく知っていますが、「〜しすぎる」の意味は生徒は弱いです。この too は否定の意味を持ちますので、とても大事です。

それにしても、大相撲の巡業中に、ある行司が土俵で卒倒して、その介抱のために即土俵に飛びのった女性看護師さんに対して、「女性は土俵から降りてください」と連呼した相撲協会の呼び出しさんが話題になったことがありましたが、どこの国でしたかね？

2 discrimination、prejudiceに満ちた国、日本
－ ハーフ（ダブル）の活躍する時代だというのに

　2015年のミス・ユニバース（Miss Universe）日本代表は誰だか知ってますか？長崎県に住む、「宮本エリアナ」さんです。あれっ？日本人らしくない名前ですね。そうなんです。彼女はハーフなのです。父親はアフリカ系アメリカ人（黒人）で、母親が日本人です。だから肌の色もかなり黒い（dark）です。彼女は小さい頃たくさんの人種的侮辱や、いじめ（bullying**ブ**リイング）を受けたそうです。今なお「なぜ純粋な日本人でない人がミス日本なのか」と納得しない日本人はたくさんいます。あなたはどう思いますか？
　さて、人種や肌の色、生まれた地域や性別などで不条理な迫害を受けることを英語では discrimination（ディスクリミ**ネ**ィション）と言います。
　そして「人種が違うから、肌の色が違うから変な人に違いない」、「あんなところで生まれ育ったから怖い奴に違いない」などという思い込みを prejudice（**プレ**ジュディス）と言います。では問題です。この二つを日本語に換えてください

discrimination：
prejudice：

正解：　　discrimination　差別　　　　prejudice　偏見

解説：　　日本にしか存在しない差別が部落差別です。さまざまな政策や教育によって部落差別撤廃の動きは高まってきました。しか

社会問題編　2

127

し、IT社会と言われる今、部落差別は新たな厳しい状況に置かれています。その元凶はインターネットです。インターネットにより、根拠のないデマや、歪んだ情報が垂れ流し状態になっているのです。私たちは常に意識を研ぎ澄ませ、このようなデマに左右されないような力を付けていかなければなりません。

　世界規模の美人コンテストは4種類あります。ミス・ワールド、ミス・インターナショナル、ミス・ユニバース、そしてミス・アースです。日本で一番知名度があるのはミス・ユニバースでしょうか。宮本エリアナさんはミス・ユニバースの2015年日本代表です。2016年には吉川プリアンカさんがミス・ワールド日本代表になりました。出題文にあるとおり、宮本さんはお父さんがアフリカ系アメリカ人（黒人）で、吉川さんはお父さんがインド人です。両者ともハーフ（ダブル）です。ハーフで肌の色がダークの女性が日本人代表として世界大会に出場したのです。顔も肌の色も、一目見て「いわゆる日本人」らしくないことは分かります。そんな二人が日本代表になったのです。さぁ、あなたの意見を聞かせてください。班活動で意見発表するのにもってこいの題材です。

　それにしても「ハーフが日本人代表なんて変だ」なんて言う日本人は、陸上競技のケンブリッジ飛鳥さんやサニブラウンさんをどう思っているのでしょうか。オリンピックで優勝してもハーフだから祝福できない、とでも言うのでしょうか？ハンマー投げアテネオリンピックチャンピオンの室伏広治さんはハーフだから、彼が表彰台に上がった時も拍手しなかったのでしょうか。インスタグラムで世界的人気の渡辺直美さんは台湾人とのハーフですが、彼女の活躍も冷ややかに見ているので

しょうか？
　ならば次の事実をどう考えるでしょうか。美人コンテストの歴代優勝者の中には中南米の女性がやたら多いです。プエルトリコ人、ベネズエラ人、コロンビア人、エクアドル人、トリニダード・トバコ人……。これらの国々に住む人たちで、他の民族の血が混ざっていない人が一人としているでしょうか。人間の歴史をザックリと考えてみても、中南米の人たちは混血ばかりのはずです。また、であるからこそ目鼻立ちが人の関心を引くほど際立っているのではないでしょうか。フィリピン人のミスも多く誕生していますが、諸民族の入り乱れるフィリピンで、混血でない人が本当にいるでしょうか。昭和の大横綱大鵬が人気があったのはその強さだけではありません。彼の顔立ちも大きかったのです。日本人離れした端正な目鼻立ち。そりゃそうでしょう。彼はロシア人とのハーフですから。ダルビッシュ投手にしても、「いわゆる日本人」とは違う彫りの深い顔立ちです。
　さっ、どうでしょう。ハーフだから、クォーターだからといつまでも言っていては、世界の恥にしかならないと思いますよ。そのような日本人の特徴を insularism「島国根性」と言います。a big frog in a small pond（井の中の蛙）状態ですよ。少しだけでも目を外に向けましょうよ。
　因みに、ミス・ユニバースの主催者がアメリカのトランプ大統領なのを知っていましたか。ではミス・インターナショナルの主催国はどこでしょう。なんと、日本なのです。
　ミスコンテストはメジャーな大会が4つあると書きました。これもクイズのよい題材です。ミスの後の universe、world、international、earth を引き出す問題がすぐに作れます。。

最後にクイズです。① mixed race　② striking features ③ live in the bubble のそれぞれの意味は上記解説文中のどの語句に当たるでしょうか。
正解　①混血　②端正な目鼻立ち　③井の中の蛙

3 陶器はchina、では漆器は英語で？
— 英語になった意外な日本語たち

　陶器と言えば佐賀県です。有田、唐津、伊万里など有名です。でも、どうして佐賀県に集中してるのか知ってますか？それは16世紀の戦国時代にまで遡ります。豊臣秀吉は2度ほど朝鮮に出兵しましたが、その拠点が佐賀県北部に建設した名護屋城でした。数万という兵を送り、たくさんの朝鮮人を殺しました。そしてこのとき、腕のいい陶器職人をたくさん朝鮮から拉致してきたのです。佐賀県に陶器文化が盛んなのはこのような歴史があってのことです。

　さてこの「陶器」は中国で生まれ発達したものだから、china（チャイナ）と呼ばれます。一方、日本で生まれ発達した技術「うるし（漆）工芸」は「漆器」（しっき）と呼ばれます。その光沢は見事です。では「漆器」を英語で何と言うでしょうか？

　　　　陶器： china　　　　漆器：

正解：　japan

解説：　大文字で書く生徒が多くいます。大文字だと「日本」としかならないので注意してください。陶器を china というのは知っている人は多いと思いますが、漆器が japan と知る日本人はほとんどいないでしょう。ぜひ教えてやりたい単語です。

　さて、日本と朝鮮との間には暗い過去があります。日本は朝鮮を2度にわたって蹂躙しています。豊臣秀吉の時代と1910年から1945年までの日韓併合時代です。北朝鮮はともかく、韓

131

国が日本に対してたびたび厳しく批判的なのは、このような過去が深く絡んでいるに違いないと私は思っています。お互いに一番近い外国どうしなので悲しいことです。
　さてここでは、英語になった日本語たちを他にも紹介します。日本独自の慣習、(食)文化、歴史、スポーツなどに関する多くの語（karate, harakiri, shogun, tofu, karoshi など）がすでに大量に英語化されていますので、ここでは意外なものだけ載せます。その中でも漆器の japan はお宝語です。ではまず、satsuma とは何でしょう？発音はもちろん「さつま」です。正解は、「みかん」です。ほら日本人が大好きな、こたつの中で食べるあの小みかんのことです。「さつまいも」ではありません。昔薩摩国（鹿児島）からこのみかんが外国に出荷されたからであろうと言われています。日本で生まれた「コスプレ」は cosplay で、その人は cosplayer です。s は「ズ」と発音されます。漫画やアニメはそれぞれ manga、anime として普通に使えます。「マンガ」「アニマ」です。umami（旨み）や otaku（おたく）もそうです。tsunami（津波）も立派な英語です。もう亡くなりましたが、ノーベル平和賞を受賞したワンガリ・マータイさんによって広められた mottainai（もったいない）も英語化されつつあります。
　一番の驚きは「片付けの魔術師」として有名な「近藤麻理恵」さんの kondo が、「きれいに後片付けする」という意味の動詞として英語化されたということです。Kondo your room! で「部屋を片付けろ」となるわけです。彼女の著作は40カ国以上で翻訳されています。現在アメリカ在住ですが、アメリカに片付けの大ブームを巻き起こした結果、kondo が英語化されたわけです。オノ・ヨーコさんもイチローさんも、フード

ファイターの小林尊さんもアメリカで有名な日本人ですが、英語にまで進出していません。近藤さんはとんでもなくすごい人ですね。

　捨てるには忍びない懐かしい品や、捨てるにはもったいない高価な品も、「ありがとう」とその品に優しく声かけをすることで、捨てられない思いを断ち切ることができるのだと近藤さんは推奨しています。私も妻もこれを実行しています。

　豊臣秀吉について補足します。日本人で初めて女性のパンティを見た（手に取った）人はこの秀吉だと言われています。当時はポルトガル人宣教師が有力な武将に謁見して、その際に西洋の文物を献上品として納めていたのですが、その中に西洋の女性が身につけるパンティがあったそうです。だったら間違いなく、日本人で初めて女性のパンティを頭にかぶったのも秀吉ですよ。何といっても天下のスケベ男ですから。手に取ったパンティを便所に持って行き、かぶったはずです。

4 homosexual（同性愛者）、別の英語で？
― 性的少数者の存在にきちんと目を向けよう

　2015年にアメリカ合衆国では連邦最高裁判所で、「同性婚」が認められました。つまり、同性婚が法として認められたわけです。この影響は大きいです。おそらく全世界に広がっていくことでしょう。そして日本も例外ではありません。同じく2015年に、東京都渋谷区で、同性カップルを不十分ながらも夫婦と認める条例が成立しました。これにより、賃貸住居への入居や病院での緊急時の面会などの場面で、お互いが家族として扱われることになったのです。これまで同性カップルであったがために叶わなかったさまざまな権利が保障されるようになったのです。2019年9月には、長崎市でも「パートナーシップ制度」が導入されました。熊本市や北九州市、宮崎市にも既に導入されており、その勢いはとどまることを知りません。

　さて、英語の世界では同性愛者のことを英語で homosexual（ホモセクシュアル）といいます。男女に関わりなくそう呼びます。もう一つ呼び名があります。さてそれは何でしょう？

　　　ヒント：　一般に、男性の同性愛者を指すものとして使われていますが、それは英語の世界では間違いです。

正解：　ゲイ（gay）

解説：　一般に同性愛者を homosexual といい、分けて女性同性愛者を lesbian、男性同性愛者を gay と呼ぶ傾向があります。性的少数者をLGBTQと表現し、Gは gay のことで、男性同性愛者

134

を表していますが、実は gay という言葉には homosexual と同様、「(男女問わずの)同性愛者」という意味があるのです。したがって女性の同性愛者はカミングアウトするとき、I am gay. と宣言できるのです。また日本では男どうしの同性愛者を「ホモ」という差別的な言葉で長らく表現してきましたが、これもまた英語的には間違いです。homosexual は gay と同じく、同性愛者という意味であり、男女を問いません。

　さてこれからの時代、性的少数者の存在はどんどん脚光を浴びます。正しい知識を持ちましょう。ホモに付け加えますが、「レズ」という言い方もまた差別的です。少なくとも日本ではそんな風に使われてきました。しっかりと理解を深めましょう。東京都渋谷区で初めて認められた同性愛者たちの権利を保障する「パートナーシップ協定」はどんどんその適用の自治体を広げ、札幌、福岡など大都市を中心に多くの同性愛者たちの権利が保障されつつあります。

　そんな時、2018年7月下旬、ある保守政党の若手女性議員が、「同性愛の人たちは子供を産まない。生産性がない。権利を認めすぎだ」という記事を発表したことが大論争に火をつけました。この議員、何も分かっていません。まず第一に、「権利を認めすぎだ」と批判していますが、同性愛者たちは憲法で保障されている市民としての当然の権利を主張しているだけで、何も特別なことを求めているわけではありません。そして何よりもこの発言が女性から出たモノであることが超驚きです。どんなに努力しても子どもを妊娠できずに嘆き苦しんでいる多くの女性たちの気持ちを全く理解しない人なのだろうと思わざるを得ません。この議員は同性愛者を生産性がないと言い放ちましたが、この議員には想像性がないと私は言い放ちます。この議

員は「石女」（うまずめ）という言葉をどう感じているのでしょうか。その昔、子どもを産まないがために一方的に離縁された女性がこう呼ばれていました。この国に「石の女」と呼ばれた女性たちがたくさんいたのです。この議員は子どもを産まない同性愛の女性を生産性がないからという理由でバッサリ切り捨てました。まさに「石女」と吐き捨てているのと同じです。こんな人が国会議員をやっているなんて、世界の恥です。そしてそんな発言を、個人の見解だから…と糾弾しようともしない、とある保守党組織もまた信じられないです。なぜこんな奴らが日本の政治上を闊歩しているのでしょうか。私は恥ずかしくてたまりません。この議員、性的少数者について何の勉強もしてません。なんという傲慢、無知、恥さらし。目の前にいたら殴り飛ばしてやりたいです。今すぐ辞職してほしいです。ムカムカムカ。

　ところで妻夫木聡と綾野剛が同性愛の濡れ場を演じた映画「怒り」を見ましたか？とにかくぶっ飛びました。激しいラブシーンに圧倒されました。と同時に、目からうろこが取れた瞬間でもありました。日本を代表する若手俳優二人が同性愛を演じるとはどういうことだろう、と考え、私の中に新しい何かが誕生したのです。すなわちこの映画は、同性愛が忌み嫌われ排除され、あってはならない異常な世界であるという従来の見方を一転させ、人間社会の中のごく自然な一断面なのだということを突き付けて来たのです。同性愛者は精神異常者であるからと病気のレッテルを貼られてきた時代は終わり、そういう観念を持ってきた周りの人々こそが異常なのであるとあの映画は叫んでいたのだと思います。そこで私に火が付きました。「自信を持って授業で取り入れよう」と。LGBTQに属する人は50人

中3人程度存在すると一般に言われます。教室にも2人から3人いる計算になります。その中の同性愛者的要素を持つ生徒が、他の生徒の「ホモ」「レズ」発言で傷ついている現状は必ずやあるはずです。これを打ち破らなければならない。そのための実行を起こそう、と勇気づけてくれたのが「怒り」です。私の性的少数者に関わる授業はここからスタートしました。

　大事な補足です。「ホモ」「レズ」「オカマ」などの発言やカミングアウトした人のプライバシーを他人に暴露するなどの行為は「ソジハラ」（SOGIハラ）と命名されるようになりました。これまで笑いのネタとして放置されてきた言葉や何事もなく見過ごされてきたことが、はっきりと「ソジハラ」という言葉で、セクハラ・パワハラ・アカハラなどと並び、人間の良識によって糾弾される時代がやっと実現しつつあります。こういう事実を私たち教師はしっかりと生徒に伝えなくてはなりません。教室の中は、すべての生徒が安心して暮らせる場所でなくてはならないからです。

5　デンマークに学ぼう、環境問題 － クローズアップされる水問題

　デンマークという国は聞いたことはあるはずです。ヨーロッパ大陸の一番北の方にある小さな国で、面積は九州より少し大きく、北海道よりはるかに小さいくらいです。人口は福岡県より少し多いくらいで、560万人程度です。（福岡県510万人）有名なものと言えば、「みにくいアヒルの子」を書いた「アンデルセン」です。それと意外と知られていませんが、みんなも一度は遊んだことがある「レゴ」の本社がある国です。でも、もっとはるかに素晴らしい国なのです。それは「世界一環境にやさしい国」だということです。

Ⅰ　自転車王国なのです。国王も会社の社長も国会議員も芸能人も誰もかれも自転車を中心に移動するのです。毎日がサイクリングです。街の構造も自転車のために作られているのです。
Ⅱ　ゴミや廃棄物は全て燃やし、それから電気と暖房熱を作り出しているのです。無駄がないわけです。
Ⅲ　電力発電方法の約40％が風力なのです。風を利用した発電ですので地球温暖化の元凶の二酸化炭素とも無縁です。ちなみに日本は二酸化炭素たれ流しの「火力発電」が6割強。「原子力発電」は何と30％近くあります。いかに日本の電力発電が環境破壊に貢献しているか、よく分かります。風力発電なんてほとんど耳にも聞こえてこないのが日本です。

　デンマークという国は今後の日本が辿るべき素晴らしい見本です。みんなも環境を意識した生活に目を向けてください。では質問です。

①ゴミや廃棄物を燃やして電気と暖房熱を作るということは、もとからあったものから全く別のものを作り出すということです。このような循環を何といいますか？英語でどうぞ！
②「環境保全」とか「環境に配慮した」とか「環境にやさしい」という意味で使われる英単語を答えよう。ヒント、それは、「ある色」を表します。もちろん英語です。小さな子どもも知っている単語です。
③「環境にやさしい国」を英語に換えてみよう。

正解：　① recycle　② green　　③ an eco-friendly country

解説：　-friendly をしっかり覚えさせましょう。baby-friendly food「離乳食」、user-friendly PC「使い手に親切なパソコン」、audience-friendly hall「観客に安全なホール」など。
　　国連が毎年発表する世界で最も幸せな国リストの最上部に毎回登場するのがデンマークです。面白いことに最上部にランクされる国は、デンマーク以外には、フィンランド、ノルウェー、スウェーデンのスカンジナビア3国です。確かにイメージだけでも、健康で清潔で安全な感じがする国々です。以下、ある調査による、世界一の環境先進国と言われるスウェーデンと日本の比較です。①首都ストックホルムを貫流する川は泳ぐことができます。日本の東京を貫流する川はとても泳げる状態ではありません。②エネルギーに関しては持続可能なクリーンエネルギー率はスウェーデンが46％、日本は9％。③家庭ゴミのリサイクル率はスウェーデンが96％で、日本は20％。④農業分野では有機農家がスウェーデンは20％で、日本は1％以下。⑤バナナやジャガイモの皮をエネルギーに変えて走るバスがあるの

がスウェーデンで、そんなうわさもないのが日本。原発天国の日本。私たち日本はどこに向かおうとしているのでしょうか。

　さて、環境問題と言えば、最近特に深刻なものとして注目されてきているのが、「水」です。全世界の水総量のうち飲料水として利用できるのは、0.01％とされています。そこで0.01％を例えます。500mlのペットボトルが100本あると仮定します。あなたはこのうち、小さじ一杯（5ml）しか飲めないわけです。またペットボトル1本でいうなら、500ml 1本のうち、0.05mlしか飲めない計算です。0.05mlの水なんて目に見えるでしょうか。そしてその水は先進国においてそのほとんどが消費され、発展途上国の特に小さい子どもたちをはじめ、弱い立場にいる人たちが、飲料水に関わる疾病で年間に世界で84万人も死んでいっているのです。3月22日は「世界水の日」と国連は定めています。日本はその優れた技術で世界の水問題解決の旗手となるべきなのです。これが本当の水商売です。

　では extra 問題です。いろいろな水を日本語に換えましょう。最後に「世界水の日」を英語で書いてください。

① fresh water　　② salt water　　③ seawater
④ sparkling water　　⑤ hot water　　⑥ boiling water
⑦ cold water　　⑧ drinking water　　⑨ running water
⑩ icy water　　⑪ bathwater　　⑫ eye-water

正解：　①真水　　②塩水　　③海水　　④炭酸水　　⑤お湯
　　　　⑥熱湯　　⑦冷水　　⑧飲み水　　⑨水道水　　⑩氷水
　　　　⑪風呂の湯　　⑫涙
　　　　世界水の日　　World Water Day

6　何の列？ — 豊かな視点を身につけよう

次の英文を読んで、（　）に正しい英単語を入れて下さい。

I have visited many places throughout Japan as a tourist; theme parks, specialty shops, local festivals and so on. And strangely enough, I have seen common scenes almost every time; long lines of women waiting for their turns to enter （　　　　）.　*turn(s) 順番

正解：　restrooms

解説：　私オリジナルの英文です。トイレをジェンダーの視点から見た場合の不条理を明らかにするために作った英文です。このようなことができるのも自主教材の強みです。ただ、下手な英文はNGです。だからこそ気合いが入ります。日頃の研鑽が問われます。

　トイレを表す単語はたくさんあります。restroom 以外に bathroom、washroom、powder room、lavatory、toilet などです。bathroom は一般家庭やホテルのトイレを主に表し、不特定多数の人が使うような諸施設・公的な場のトイレは restroom です。女性用のトイレを特に powder room といい、日本語の「化粧室」に相当します。電車や飛行機などのトイレは lavatory です。john もトイレです。（小文字に注意！）お祭り会場などの仮設トイレや幼児のおまるは porta potty です。イギリスには public convenience、アメリカには comfort station という言い方もあります。いずれも公衆トイレを指します。さて toilet ですが、これは専ら英国で使われる語で、米国ではあまり使わないそうです。「便器」という意味にも取られるからでしょう。また、Where is the bathroom? と聞かれて「シャワーを浴びたいんだな」「風呂に入りたいんだな」と思う人はおらず、「トイレはどこか」と聞かれていることはすぐに分かるそうです。

　さて、この題材は、私が最も得意とする題材の一つです。私はこの題材を、ジェンダーの問題として取り上げ、さらに「視点の大切さ」へと発展させます。登場してくる一つが漢字を使った言葉です。嫁、嫉妬、女々しい、嫌悪、強姦、嬲る（なぶる）、石女（うまずめ）という語を話題に「ではこれらの漢字を作った張本人は男性か女性か？」と問います。またアルファベットも登場します。アルファベットは日本語と違い、左から右にしか綴られません。そこで生徒に問うのです。「英語のアルファベットを発明したのは右利きの人だろうか、左利きの人だろうか？」と問います。同じように、「LGBTQの人たちがあまりに生きにくい思いをしている原因は誰にあるか？」とも問います。

　私たちは視点をどこかに変えることで、それまでに見えなかったことが見えるようになり、それまでに気がつかなかったことに気がつくことができます。

　あまり話題になることはないようですが、大勢の人であふれ賑わっている場所、つまり、特設コンサート会場、物産展、テーマパークなどですが、必ず女性だけの長い列が目に入ってきます。物産展などはまだ良い方で、テーマパークとなればある意味で深刻な問題が生じてきます。男女とも入場料は同じな

のに、男性が遊んでいる時間の一部を女性だけがトイレ待ちをしなければならないという問題です。女性だけの長いトイレの列をこういう観点で考えていくと、「この施設の設計に女性は一人でも関わっていたのだろうか」、「女性は声を上げなくて良いのだろうか」、「男性はこの事態を傍観していて良いのだろうか」などの課題が開けてきます。

　視点を変えることで人間の見識や教養は広がります。本を読み、勉強し、人と語らい人間関係を広げていくことは視点を増やす営みです。その人を豊かに大きくしていくために絶対に必要なことなのです。一つの事例からさまざまな問題点を見いだすことのできる生徒を育てたいものです。

7 男性か女性か、性別の断定を不快に思うのは？
― 性的少数者とともに。rainbow flag が意味するものは？

　he が「男性」を指し、she が「女性」を指すのは皆さん知っていますね。ところがこんなふうに代名詞ではっきりと男性か女性かを断定的に表現されることに大きな不快感を持つ人たちが存在します。
　さて問題です。
① それは性的少数者を表す LGBTQ の中のどれに属する人たちでしょうか。
② 今英語界では、そういう人たちを表すために、he や she でなく、they を使おうとする傾向が生まれてきています。ではなぜ they なのか、その理由を班で話し合ってください。

正解：　①T（トランスジェンダー）
　　　　②they は性別を言い表すことができないから（＝ they ならば性別を明らかにしなくて済むから）

解説：　面白い現象です。まさしく「言葉は世につれ、世は言葉につれ」です。社会や社会意識の変化が言葉にも影響を与えていくわけです。激しく進歩する分野や大いに盛り上がる運動などからこの現象は起こります。IT分野で次々に新しい言葉が生まれるのは当然です。また、セクシャルハラスメントという言葉はさほど古いものではありません。生まれてまだ日が浅い言葉です。女性の権利が世界で大いに叫ばれるようになって初めて生まれた言葉です。そしてこの言葉の誕生によってたくさんの女性が救われてきました。それ以前はそのほとんどが女性自身

の屈辱として問題化しなかったものが、この言葉の誕生によって告発できるようになったわけです。そしてそれはハリウッドの人物映画プロデューサーまでも奈落の底へたたき落とすことができました。言葉はまさしく偉大な力を持っています。

さて、出題文にある they もまた性的少数者への配慮から生まれた新しい言い方です。they に落ち着くまでに、他にもいろいろ使用された言葉があったらしいのですが、結局 they におさまったということです。まだまだ知名度は低いですが、間違いなく生活の中にしっかりと根付く they でしょう。

次に、敬称の話題に移ります。一般に男性は Mr. 女性は Ms. という敬称が使われるのは皆さんご存じです。「久保先生（女性）」なら Ms. Kubo（ミズくぼ）です。ところが、トランスジェンダーの人たちはこんなふうに頭から性を決めつけられることに違和感を持っています。そこで、第3の敬称と言われるものが既に英語には定着したのです。それは、M に、あるアルファベットを付けたものです。発音は「ミクス」となります。もし私角田がトランスジェンダーなら、人は私のことを、「ミクス角田」と呼ぶことになります。正解は x です。Mx です。x はもちろん、「無限」「未知」「謎」という意味合いです。どうですか。時代の変化が人間の言葉まで変化させている良い例です。時代の流れに遅れない生徒の育成は教師の大事な仕事です。

さて、性的少数者（LGBTQ）は一般に13人に1人いると言われています。その中のT、トランスジェンダーについて述べてみます。身体の性と心の性が一致しない彼らは、毎日の生活のいろいろなところで傷つけられています。そして彼らが苦しむ場面とは、自分の「心の性（＝本当の性）」が「身体的性

（生殖器の性）」のために無理やり屈服させられるときです。たとえば、身体は男性で心が女性の高校生トランスジェンダーは、制服を着るときに激しくストレスを感じ、苦しみます。日本の制服は、男女全く異質のデザインです。例えば男子はズボンに詰め襟の上着、女子はスカートに蝶ネクタイといった感じです。この人は心が女性なのだから、女子の制服しか着たくないのです。でも、否応なしに男子用の制服を着させられるのです。個人差はあるでしょうが、それがために登校拒否になったトランスジェンダーたちの実例はいくらでもあります。制服のない高校への進学を第一に考えるトランスジェンダーがいるのは当然ですね。つまり、本当の性である、「心の性」が否定されてしまう場面に遭遇したとき、トランスジェンダーは激しく苦しむのです。しかし、そうではあっても、彼らが一人間として生きているのは確かなのです。

　トランスジェンダーの人が皆と同じように快適に生活できる社会ってどんな社会なのでしょう。皆さんの周りにもきっとトランスジェンダーはいるのです。性的少数者も、そうでない人も、ともに幸せに生きていける社会を創っていきたいものです。性的少数者運動のシンボルは七色の旗 rainbow flag です。赤も黄色も青もすべての色が混ざり合って美しい一つの旗となる。つまり、異性愛者もトランスジェンダーも同性愛者もすべての人が混ざり合って安全で快適な社会を作ろうという決意を表す旗です。学校の教室にも性的少数者は必ずいます。彼らに目を向け、彼らに学びながらこの理想を追い続けることが私たちの大きな仕事です。

　補足します。異性愛者（女性を好きになる男性、男性を好きになる女性）のことを英語では straight と単語で表現します。

オバマ前アメリカ大統領も何かの演説の中で使っておりました。しかしこの意味はおそらく近々消えてなくなるものと思われます。だって、異性愛者を straight と言ってしまえば、同性愛者は straight でない、つまり、「歪んでいる」「曲がっている」となるからです。この単語が性的多数者の視点で使われているのは明らかです。

8　注目しよう、プラスチック公害
　－　プラスチックはDon'tではなくNeverです！

　皆さんはプラスチック（plastic）と聞いて、どんなことを思い浮かべますか。実はこのplasticには面白い意味がたくさんあるのです。プラスチックは人工物であり、人間的な温もりがありません。そこから「味気ない」「作り物の」「上辺だけの」という意味があるのです。plastic smileなら「作り笑い」で、plastic coupleで「仮面夫婦」となります。

　さて、このプラスチックは品物としてはカードやさまざまなグッズの材料として人間の生活に大いに役立っていますが、海洋上では大変な問題を引き起こしているのです。人間が何気なく投げ捨てたペットボトルのふたやビニール袋を、鳥やウミガメが、クラゲやイカなどの餌と間違えて捕食し、それがもとで大量に変死しているのです。

　太平洋上に浮かぶ、ある小さな島で繁殖する大型の鳥、アホウドリは今、このために絶滅の危機にあります。島はアホウドリの死骸だらけだそうです。体内に蓄積されていたペットボトルのフタが、死骸の風化につれて山のように現れてくるのだそうです。皆さんもこの事実をぜひ忘れず、海の保護を意識しておいてください。では、「海にプラスチックを捨てないで！」を英語に換えよう。

単語を並べ替えよう。

throw away, the ocean, plastic, never, in

正解： Never throw away plastic in the ocean.

解説： 「太平洋上に浮かぶ、ある小さな島」とはミッドウェー島のことです。日本では太平洋戦争中の「ミッドウェーの海戦」で有名です。ハワイのやや北西に位置し、今は無人島です。ここはアホウドリの大繁殖地になっています。アホウドリはペットボトルの蓋を食べ物と勘違いして捕食します。赤や青や黄の色が食欲を誘うのだそうです。そしてそのために消化不良を起こし、死んでいくのです。羽や骨は風化し自然に戻りますが、お腹に溜まったプラスチックの蓋はそのまま残ります。その悲惨な死骸をネットで見てみてください。この上なく衝撃的な画像です。ウミガメはビニールを好物のクラゲと勘違いして補食します。お腹の中はビニールだらけになります。苦しみながら死んでいくのです。ある研究によると、このままプラスチックのポイ捨てを放置しておくと、もうこの10年ほどで、人間が海に投棄したプラスチックなどのゴミの量は海の生き物の総重量を上回るということです。

　最近になってやっと人類はこのプラスチック公害に向き合うようになってきました。スーパーやコンビニのレジではビニール袋をもらわず、マイバッグを使用する。また店舗でもビニール袋を使わずより環境に優しい包み容器を工夫するなどの動きが出始めています。プラスチックは風化しません。ほぼ永世的に分解しない物質です。かといって焼却処理したりすると有毒

ガスが発生したり、二酸化炭素の排出を増加させます。確かに便利な物質ではあるのでしょうが、便利さと地球環境とどちらを取るのか、という大きな選択の岐路に人類は達しています。私たちももう少しプラスチックとのつきあい方を進歩させましょう。

　さて、plastic はその「温もりのなさ」「加工しやすさ」から面白い使われ方をします。plastic にいろいろな名詞をくっつけるのです。plastic couple で「仮面夫婦」、plastic money で「クレジットカード」、plastic smile「作り笑い」、plastic talk で「現実味のない話」、plastic surgery で「整形手術」、plastic food なら「添加物たっぷりの食品」となります。人間の生活には便利でも、良い意味を持たないのが plastic の特徴です。なお買い物をした後レジでもらうビニール袋は英語では plastic bag と言います。プラスチックを硬い物と認識している日本人にはピンと来ないだけにきちんと覚えましょう。

　さて、正解文は Never throw away plastic in the ocean. でしたね。それでは質問です。文頭の Never は Don't に置き換えてもいいでしょうか？正解は「だめ！」です。否定命令文で Don't を使うのは常識とされていますが、Don't は「一回きりの禁止」を表します。海にプラスチックを捨てるのは永久にやってはいけないことなので、Don't ではなく、Never でなくてはなりません。Never は「いつどんなときでも絶対にやってはいけないこと」に使います。

英語力強化編

1 Good morning は「おはよう」で「ござる」か?

　次の会話を読んでください。全て英語であると思って読んでください。Aはパン屋のレジ係、Bはお客さんです。

〈場面は早朝、6時20分頃〉
A：　いらっしゃいませ。
B：　(店内を一周して、ジャムパンとクリームパンをトレーにのせ) レジ、お願いします。
A：　ありがとうございます。えーと、320円になります。
B：　じゃ、500円で。
A：　500円お預かりします。(おつりを渡し、商品を渡し、) では、180円のお返しです。
B：　どうも。
A：　いつもありがとうございます。Good morning!
B：　Good morning!

問題：　最後の Good morning って、どういう意味?

正解：　じゃ、ごきげんよう!(じゃ、また!)

解説：　Good morning は「おはようございます」と習いましたね。でもそれだけの知識では、上記の Good morning は全く通じ

151

ませんね。いろいろ話をした後に、「おはようございます」ってのはおかしいですよね。実は Good morning も、Good night も Good afternoon も「挨拶言葉」なのです。いつ口にするかで意味が変わってきます。人に会ってすぐに口にすれば、それぞれ「おはようございます」「おやすみ」「こんにちは」となります。別れ際で口にすれば、すべて、「じゃ、また！」となるわけです。

　挨拶言葉の紹介ですが、会話の一番初めの掛けことばは、「よっ、元気？」「どう、やってる？」「調子はどう？」ですね。英語にはたくさんありますよ。定番の How are you doing? や How are things going? How's it going? など以外にも、「ほ〜っ！」と感心するものもあります。What's up? はよく聞きますが、What's cooking? はどうですか？ What are things treating you? も通じますよ。アメリカでは Do you work out? とも若者の間では言うことがあるそうです。「外で働いてますか？」ではなく、「筋トレしてるかい？」という意味です。この言い回しで、相手の心身の調子を聞くらしいのです。

　補足ですが、別れるときの言葉を日本人はすべて Good-bye と思っているようなところがありますが、これはだめです。これを言うと、永遠の別れになってしまいます。また明日も会えるのですから、See you. とか Catch you later. とか 単に Bye! で良いのです。

　私は担任をするクラス生徒には、終礼の挨拶を "See you tomorrow!" と言わせています。それと、How do you do? ですが、これに対してたとえば I'm fine, thank you. と答えたとします。この会話を日本語にすると、「ご機嫌いかがでござるか？」「息災にてござる。かたじけのぉござる」となります。

英語力強化編　1

How do you do? なんて言わないように。

2 イマジネーションで語彙を驚異的に増やそう!

単語当て問題です。何という英単語でしょうか?

①「しわ、列、せりふ、釣り糸、方針、航路、通話、家系、血統、赤道」などの意味を持つ単語はズバリ?
　　ヒント:　どれもこれも、ピンっと何かが伸びているような……

②「CDプレーヤーの閉じぶた、車のボンネット、乳母車の日よけ用の覆い、カメラレンズのふた、電灯のかさ、積荷にかける布・敷布」は?(分からなければカタカナでいいです)
　　ヒント:　「食べ物」とは違うよ!

③「断る、飛ばし読みする、相手にせず無視する、見落とす、抜く、サボる、ずらかる」は?
　　ヒント:　イメージの勝負だ。どれもこれも「目の前にある何か」に対してどういう動きをしてるかい?

正解:　　① line　　② hood　　③ skip

解説:　　言葉は大もとの意味から人間のイマジネーションによって無限に意味が広がっていくものです。
　　代表的な多義語である cover を例に挙げます。cover は「覆う」が原義で、そこから「守る」「援護する」「含む」「〜を取り扱う」「〜をまかなう」「穴埋めする」「(記事) を取材する」

英語力強化編 2

｜(保険などの保証範囲が)〜に及ぶ」などと広がります。もちろんすべてイメージ力でうなずけるものばかりです。「何か(大きな)毛布みたいな物がアワリと上に覆い被さっている感じ」が cover ですから。

　wear は「身につけている」ですが、身につけるものは長持ちしなければなりません。そこから「長くもつ、持続する」という意味が生まれます。しかしいくら長持ちしても、最後は衰えるものです。「消耗する、衰える」という意味があるのもうなずけます。そして最後には「消耗し、ぼろぼろになってしまう」となります。つまり wear は「長持ちする」と「消耗してダメになる」という相反する意味を持つことになるのです。These socks are easily worn out. I want ones that can wear.（この靴下はすぐにぼろになる。長持ちする奴はないかな）です。Among those women, my wife wears best.（あの女性たちの中では俺のかみさんが一番いい年の取り方をしている）です。wear は実に面白い動詞です。

　他にも「なぜこんな意味があるの？」と思わせる単語は星の数ほどありますが、根っこは同じものなのです。このように単語の意味を覚えるには、記憶力はもちろんですが、豊かで自由な発想とイマジネーションがとても大切です。drop には「目薬」、tadpole（オタマジャクシ）には「見習いさん」、square（四角）には「頑固者」、thread（糸）には「寿命」という意味があります。どれもうなずけます。

　以下の意味を持つ人間の body parts を当ててください。
①山のふもと、コップや茶碗の底のふち、はしごや柱の最下部、（成績の）びり、音符
②（子どもや祖父母など）養わなければならない人、（部屋や

155

トンネルなどの）出入りする場所、川が海と合流する場所、弾丸が銃から飛び出す場所

③リーダー、（山や丘の）頂上、金槌やゴルフクラブの（釘やボールを）打ち付ける部分、コインの表

④（建物や本の）正面、外見、（土地や岩などの）表面、めんつ、ナイフの刃の部分

⑤観察力、判断、意図、縫い針の先端にある糸通し用の穴、アーチェリーの的の中心

正解： ① foot　② mouth　③ head　④ face　⑤ eye

　英単語を覚える方法の大きな力は単なる記憶力はもちろんですが、豊かなイマジネーション力が殊の外重要です。私たち教師は生徒のイマジネーション力をどんどん鍛えていきましょう。

3 「身体障がい者」は the handicapped？ The disabled？
― 現在分詞と過去分詞をどう教える？

　英語では –ing は「進行中の動作」を表しますね。「〜している最中」という意味です。sleeping baby なら「眠っている赤ん坊」、flying bird で「空を飛んでいる鳥」です。一方、過去分詞形は「完了したもの」を表します。意味は「〜してしまっちゃった」です。fallen leaves で「落ちてしまった葉」＝「落ち葉」、dried lake で「干上がってしまった湖」、broken heart で「壊れてしまった心」（失恋）となるわけです。では、次を日本語に換えてください。

① developing countries
② developed countries
③ learning student
④ learned student
⑤ used car
⑥ rising sun
⑦ aging teacher
⑧ aged teacher

正解：　①発展途上国　②先進国　③（普通の）学生
　　　　④物知りな学生　⑤中古車　⑥昇る太陽
　　　　⑦加齢中の先生　⑧老いぼれた先生

解説：　過去分詞は受け身の意味で取り上げられることが多いですが、忘れてはいけないのが「完了」としての意味です。fallen leaves（落ちてしまった葉っぱ＝落ち葉）が一番分かりやすい例です。failed marriage で「失敗に終わってしまった結婚（生活）」、repaired bridge で「修理の完了した橋」です。ところが過去分詞の「完了の意味」は意外と学校では教えられません。この際、きちんと教えましょう。と言うより、過去分詞の意味は本来、完了であるように私は思っています。「割られた窓」は「割れて無様な状態になってしまった窓」ですのでやはり受け身と言うより完了です。「俺は aging teacher かい、それとも aged teacher か？」などと生徒に聞いてみてください。もし「aged teacher だ！」などと返ってきたら、「俺は老いぼれかいっ！？俺は aging teacher だ！」などと楽しくじゃれ合いましょう。

　さて、-ing と 過去分詞の使い分けを生徒にはどう理解させたらいいでしょうか。高校英語では、「人が主語なら過去分詞で、人でないものが主語なら -ing だ」と教えます。てっとり早いだけで生徒の頭脳を全く刺激しませんね。

　こうです。-ing は「人に影響を与えている状態」で、過去分詞はその状態が完了し、「人に変化が生じてしまった状態である」です。interest を例にすると、ある本が読者に影響を与えている真っ最中が interesting で、その結果、読者の心に変化が起こった状態が interested です。This book is interesting to me. の状態が完了すると、I am interested in this book. となるわけです。please, satisfy, surprise, amuse, amaze など、すべてこれで説明できます。また -ing は進行形でありますので、「心に訴えてきている最中なのが -ing」で、「心の中に変化が起こってしまったのが（完了形の）過去分詞」と説明することもできます。「楽しいな」「苦しいな」「がっかりしたな」な

どはすべて、心が完了した状態です。これが過去分詞です。

では「身体障がい者」をchallengeという動詞で表現すると、challengingでしょうか、それともchallengedでしょうか。身体障がい者である彼らには「やる気を起こさせる立ち向かうべき困難や現実」がたくさんあります。ここがchallengingの領域です。The real world is challenging to them. と言えます。そして偏見、諸設備の不十分さ、就労……、そういったchallengingな現実は彼らを強くします。そしていつの日か彼らは「やる気十分状態」になるのです。すなわちchallengedの状態が完了するのです。They are challenged people. と言えば、「障がいのある人」ではなく、「挑戦という使命や課題、挑戦するチャンスや資格を与えられたやる気満々人」という意味です。身体障がい者は英語で the challenged（やる気満々状態が完了した人々）と言います。disabled, handicapped などの表現は障がい者に対してフェアではありません。

4 極めよう "big" － Let's learn English rain or shine!

　big という単語について学びます。形容詞の時は皆さんおなじみの「大きい」という意味です。big には副詞もあります。さて、次の英文を和訳してください。

① He acts big.　奴は　（　　　　）
② He thinks big.　奴は（　　　　）
③ He talks big.　奴は（　　　　）
④ He eats big.　奴は（　　　　）
⑤ He lives big.　奴は（　　　　）
⑥ He spends big.　奴は（　　　　）

正解：　①大げさだ　　②野心家だ　　③大ぼら吹きだ
　　　　④大食漢だ　　⑤贅沢だ　　　⑥浪費家だ

解説：　アメリカのトランプ大統領の娘であるイヴァンカさんがあるインタビューで父親のことを聞かれた時にこう答えていました。He always said, "Ivanka, if you're gonna be thinking anyway, think big." です。父親のトランプは、娘に「野望を持て！」と教えてきたことが分かりました。

　他に look big で「偉そうな顔をする」、win big で「大勝ちする」、make (it) big なら「大成功する」、bomb big で「大失敗する」です。これらは big の副詞用法ですが、big を形容詞で使っても同じ表現ができます。それぞれ big actor、big

thinker、big talker、big eater、big liver、big spender です。
「大物」を big で表すと、a big bug (fish, wig, shot, heat, timer, game, gun, deal, name, figure, cheese) などたくさんあります。wig は「カツラ」です。大物には大きなカツラをかぶった人が多いということから来ています。トランプ大統領を想像すればすぐに納得できます。生徒の解答が正解であろうがどうであろうが、このようなことを班活動で生徒たちに考えさせるのも実に楽しいし有益です。

　さて、bigが「大物」なら当然「小物」はsmallです。small shot、small potatoes、small timerは「取るに足らぬ奴」で、small talkは「無駄話」です。He is small-mindedなら「奴は心が狭い」となります。

　基本語は対比的に学ばせる機会を持ちたいものです。difficultとeasy、heavyとlight、earlyとlate、longとshort、highとlowなどです。動詞もそうです。comeとgo、buyとsell、loseとfindなどです。必ず新たな発見があります。面白い題材です。

　さて、クイズです。
① 「お店は何時から何時までですか」をearlyと lateを使って7語で作文してください。
② 「柔らかい肉」と「硬い肉」は英語で？
③ 「柔らかい豆腐」と「硬い豆腐」は英語で？
④ the long and short of the story の訳は？
⑤ 「干潮」と「満潮」って？
⑥ 「あぶく銭」（簡単に手に入るものはすぐに失ってしまう）は英語で？
⑦ 「紛失物取扱所」を3語で言うと？

⑧「イチかバチか」を3語で言うと？
⑨「多少は」を3語で言うと？
⑩「あてずっぽうを」を3語で言うと？
　正解は、それぞれ、
① How early and late are you open?
② tender meat、tough meat
③ soft tofu、hard tofu
④ 話を要約すると
⑤ high tide、low tide
⑥ easy come, easy go
⑦ lost and found
⑧ make or break（sink or swim）
⑨ more or less
⑩ hit-and-miss

「心の狭い人」「偏見にまみれた人」という意味で、bigot（ビゴット）という単語がありますが、これもおそらくbigから来ていると思われます。であるなら、big（大きい）が結局「心が小さい」という正反対の意味に発展したことがとても面白いです。

5 初めてのデート、送り出す言葉は？
－「分かりません」では困ります

　家を出るとき、「行ってきます」と言ってますか？でもそれよりも、「行ってらっしゃい！」のほうが嬉しくないですか？この一対の言葉の掛け合いは、「日本の宝」ではないでしょうか。「らっしゃい」という言葉には、今外に出た人の「安全や成功、成長」を祈る気持ちが含まれていると思いませんか？それが、小さな子どもにも掛けられるのです。送り出す人の気持ちが籠もっている響きがありますね。「行ってらっしゃい」はとても温かい言葉です。さてそこで英語です。もちろん英語にも「行ってきます」「行ってらっしゃい」はありますよ。ただ、日本語のようにワンパターンではないのです。英語はもっとテキトーです。一般的には Have a nice day!（素敵な一日を持ってね！）でよいです。nice を good や great で言い換えてもいいです。とにかく、Have a … day! と言えば大丈夫です。では問いです。

問題：　あなたの大事な弟が、生まれて初めて女の子とデートです。さぁ、送り出してあげてください

　　　　　　　Have a (　　　　　　　) day!

正解：　Have a lucky (wonderful, sweet etc.) day!

解説：　状況によって、いくらでも意味を持ちますし、とても使いやすい表現です。私がまだ妻と結婚前つきあっているとき、毎晩電話を掛けていましたが、必ず Have a nice dream. と言って

電話を切っていました。旅行に出る人がいたら、Have a nice trip! 釣りに行く人がいたら、Have a nice catch! 週末には Have a nice weekend! と言えば、相手は Thanks. と返してくれるでしょう。では質問です。飛行機に乗ろうとしている人には何と言って無事を祈るでしょうか。正解は、Have a nice flight.（くれぐれも fright と発音しないように）とか Have a happy landing. です。いろんなシチュエーションを提供して生徒に考えさせましょう。

　さて、Thank you. に対するお返しの言葉をいくつ言えますか？You're welcome. ばかり口にしていては面白くないです。Don't mention it. も Sure. もスクール英語には出てきますが、だからこそ面白くない。My pleasure. Anytime. No problem. No sweat. You got it. You bet. などが面白いです。特に後ろの2つを自然に使える日本人はネイティブ並みの英語力を持っているはずです。3年くらい前に、最前列に座るある女生徒が、プリントを配るたびに Thank you. と言ってくるので、私も一回一回返事を変えるように努力したんです。それで You bet. が使えるようになりました。

　補足ですが、「分かりません」を何種類言えますか。I don't know. なら英検4級レベル。I'm not sure. や No idea. なら3級レベル。Who knows. なら2級レベル。1級レベルの人なら Beat me. That's anyone's guess. です。That's a good question. と言える人はネイティブ並みだと思います。

6　Z's って？ － 朝が苦手な人に朗報です！

　右イラストのように、ZZZ は「いびき状態」や「睡眠」を表すのはおそらくみんな知っているでしょう。これは「擬音語」の一つで、日本語では「ツツツ」ですね。Z は英語では「ズィー」と発音され、ZZZ は「ズィー ズィー ズィー」となります。でも英語では ZZZ は文字にすると長くて嫌になるので、Z's と表記されるのです。発音 は「**ズィーズ**」です。では問題です。下線部を和訳してください。

A：　どうしたの？目が赤いよ。
B：　あぁ……フア～ッ……。徹夜してさ。一睡もしてないんだ。眠くてフラフラするよ。
A：　<u>Then, get some Z's.</u>

正解：　しばらく寝ておいで

解説：　愉快な表現です。「お休みなさい」を子どもに言うときは Sleep tight.「熟睡」は sound sleep、「爆睡」は、ビートルズファンならおなじみの sleep like a log です。丸太が身動きせず転がっている姿が爆睡のイメージなのでしょう。「途切れ途切れの眠り」は snatchy sleep、「永眠」は eternal sleep とか final rest, be laid to rest, rest in peace です。また forty winks

（40回のまばたき）は「昼寝」「まどろみ」などの短い睡眠を意味します。なぜwink（まばたき）が40回で昼寝となるのでしょうか。これはつまりこういうことです。まばたきを通常のペースですると、40回するまでに3分くらいかかるはずです。要するに3分くらいの極めて短い時間のまどろみのことをこの表現は言っているわけです。それにしても、なぜ40回に限定されたのかはどう調べても分かりません。

　red-eye という表現がありますが、これは「目の充血」という意味はもちろんですが、「飛行機の深夜便」という面白い意味があります。深夜便に乗るとよく眠れないので翌朝は目が腫れているからこういう意味になりました。また目覚まし時計に「スヌーズ」snooze 機能がありますが、この意味も生徒のほとんどが分かっていません。スヌーズ機能は、その人がいつまでも布団から出ず起きてこないから作られたものです。snoozeは「まどろむ」という意味です。

　ちなみに「朝型」「夜型」などと言うことがありますが、それぞれ a morning person、a night person と表現できます。ここで吉報です。「その人が朝型か夜型かは、遺伝子が決める」という事実が明らかにされつつあることです。朝起きるのが困難な人はその人が怠け者だからではなく、遺伝によるものということです。さぁ、では、毎朝口うるさく起こしに来るお母さんに反論してやりましょう。「私（僕）が朝起きられないのはお母さんのせいですよ！」と。うそです。そんなこと言っちゃいけません。きちんと自力で起きてください。（笑）

　さて、ではクイズです。「黒い目」は英語で何というでしょうか。正解は dark eye とか brown eye です。I have black eyes. なんて言うと相手は "What wrong did you do?" なんて

訊いてきますよ。だって black eye は殴られてあざのできた目のことですから。

　つけ加えです。「まつげ」は英語で eyelash ですが、lash って何でした？「ムチ」ですね。まつげは目に打ちつけるムチという発想から eyelash です。気づいてましたか？

7 いろいろな遊びを英語で言おう －「ネコのゆりかご」って？

みんなも一度はやったことがある遊びです。何でしょうか？
① musical chairs   ② hide-and-seek   ③ word chain
④ play cards   ⑤ toss beanbags   ⑥ tongue twister
⑦ three-legged-race ⑧ play house   ⑨ toss-and-catch

正解：　①いす取りゲーム　　②かくれんぼ　　③しりとり
　　　　④トランプ　⑤お手玉　⑥早口言葉　⑦二人三脚
　　　　⑧ままごと　⑨けん玉

解説：　peekaboo（ピーカブー）「いないいないばぁ」もかわいいですね。peek は「覗く」です。cat's cradle は「あやとり」ですが、これ一つで15分は生徒と遊べます。「主に女の子の遊びだね」「これで遊んでいるときにできた空間に猫ちゃんを入れたらかわいいだろうね」などと楽しいヒントをあげながら生徒をじらし、正解を推理させるのです。生徒は一生懸命に答えを返してきますが、なぜか「あやとり」はなかなか出てきません。生徒をどれだけじらすことができるか、とても楽しいです。ぜひ試してください。なお、①の musical chairs には「無用な権力争い」とい

Cat's cradle
（ネコのゆりかご）

う意味もあり、混乱した国につきものの、不毛な権力闘争を表します。

　他に遊びに関連する英語は、「コマ回し」は top-spinning、「凧揚げ」は kite-flying、「(トランプの) 神経衰弱」は concentration です。集中してないと勝てませんからね。あるいは pelmanism とも言います。「縄跳び」は skip-rope。「押しくらまんじゅう」は play shove and push と、あるサイトにありましたが、これで分かりますかねぇ。あと、「福笑い」なんてどうなるんでしょう。これはもういろいろな単語をつなげて説明するしかないです。でも、それがまた生徒には楽しい知的ゲームになるのです。教師の書いたオリジナル英語から「あっ！福笑いのことだ!!」と正解が来れば、その生徒は一杯喜びますし英文を作成した教師本人にとっても快感です。placing a paper nose, paper eyes……on a human-face-shaped sheet to make it look as life-like as possible なんて英語が書けちゃいます。

　さて、word chain はしりとりですが、この語句を紹介したらぜひ生徒としりとりをしてください。私はしりとりは「ラ行攻撃」を得意にしています。ラリルレロで相手に答えさせるのです。有利に戦う一つのこつだということを私は知っているのです。ということで授業では誰かに私に挑戦させます。いろいろなアクシデントが起きますよ。他の生徒が助け船を出したり、逆にラ行攻撃の返り討ちにあったり、無茶苦茶楽しく面白い時間が演出されます。ぜひ生徒と遊んでください。この前は「プ攻撃」を3回連続で受け、私は完膚無きまでに撃沈させられました。土下座して降参でした。

　授業で手軽にできる単語ゲームに、一つの単語の中のアル

ファベットを用いて新たな単語を作る、というものがあります。そうすると comfortable から300以上の単語が生まれるのです。come, table, able, eat, などです。結構生徒は楽しみます。

　さて、上に挙げた遊びの数々ですが、もはやその多くが歴史のくずになっていませんか？今の子どもたちはけん玉やかくれんぼやゴム跳びなんて一度もしたことがないはずです。現代っ子は端末を使ったゲームに夢中です。子どもだけではありません。私はJR通勤をしていますが、乗客の中で一番多いのは、スマホのゲーム遊びです。私のように英語のリスニング練習をしている乗客は今まで2人しか見たことがないです。大人もまたスマホゲームに夢中なのです。ということで、game という単語が新しい意味を持つようになりました。game で「スマホゲームをする」、gaming で「スマホゲームに興ずること」、gamer で「スマホゲームをする人」という意味になるのです。

　game はさらに個人レベルを超えて、今ではプロスポーツとなってしまいました。これを e-game とか e-sports と言います。世界大会さえ開催されています。1億円を稼ぐプロゲーマーもいるのです。彼らはチームを組みます。戦略を練る、精神面をケアする、情報収集など、まさにプロ集団そのものです。東京にはその養成専門学校も開校されています。北九州、福岡でもそういう動きがすでにあります。また若者だけではなく、お年寄りたちも e-game に参入し始めています。仲間作り、ぼけ防止などの大変よい効果があるそうです。「仮想現実のゲーム遊び＝怠け者」のイメージは根底から崩れ始めています。

　補足です。何という遊びでしょうか。
① playing marbles　　② swing
③（the art of）folding paper　　④（blowing）soap bubbles

⑤ bamboo dragonfly　⑥ slide　⑦ iron bar
⑧ playing catch　⑨ play doctor　⑩ play tag
⑪ eenie, meenie, minie, moe（おまじないの一種）

答え：　①おはじき　②ブランコ　③折り紙　④シャボン玉
　　　　⑤竹とんぼ　⑥滑り台　⑦鉄棒　⑧キャッチボール
　　　　⑨お医者さんごっこ　⑩鬼ごっこ
　　　　⑪「どれにしようかな、天の神様の言うとおり」

8 「目じりにできるしわ」、英語では？ － では「ほくろ」は？

女性は年をとると、目じりにできる「しわ」がとても気になるようです。さて、では、「この目じりにできるしわ」を英語では何というでしょうか？

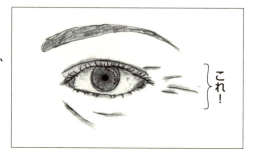

ヒント： この「しわ」は、目じりにできて、「鳥の足」にそっくりです。鳥の足を思い浮かべてください。英語では「カラスの足」と言います。カラスは crow（クロウ）です。さっ、では答えてください。

正解： crow's feet

解説： しわは line とか wrinkle と言います。そしてそのしわを整形手術によって除去することを「顔を上に持ち上げる」と発想して、face-lift と言います。きわめて合理的ですね。さて、人間の顔にできるものを英語で整理しましょう。えくぼは dimple、ニキビは pimple、そばかすは freckle、吹き出物は rash。目の下のくまは bag (s) とか dark circle (s) です。中でもほくろは面白いです。mole が一般的のようですが、beauty mark というのがあります。これには訳があって、疱瘡、今で言う天然痘ですが、これにかかると顔にブツブツができて、病

気が完治してもブツブツは顔に残ったままなのだそうです。そこで昔、天然痘にかかったヨーロッパの女性たちは病み上がり後、顔にできたブツブツから人の注意をそらすために、ハート型や三日月型のシルクのシールを目や口元に貼るようになったのです。天然痘の治療法ができてからも、女性たちはそのシールを顔に貼って美しさを演出し続けました。そうやって beauty mark という言葉が定着したというのです。そして今ではほくろは皆 beauty mark です。英国では beauty spot と言うらしいです。また欧米では、そばかすの女の子はかわいい女の子の代名詞らしいです。昔流行ったアニメに「キャンディキャンディ」がありますが、かわいいそばかす娘でした。たしか、「赤毛のアン」もそばかすだったと思います。そばかすは日本ではどんな評価なのでしょうか。ちなみに「赤毛のアン」のオリジナルタイトル名を言えますか？正解は Anne of Green Gables です。

　ここで、容姿に関わる表現をいくつか。日本語の「スタイルがいい」は style ではなく、figure を使います。She's got a nice figure. で「彼女のプロポーションは抜群だ」となります。figure は「プロポーション、体型、スタイル」と覚えましょう。nice build でも同じ意味になります。女性の体型を褒める最大級の言葉は slim, slender です。すらりとした体型、脚、ウエストに使います。a slender build で「スマートな体型」です。「(顔の) 彫りが深い」は well-defined とか finely chiseled です。「ノミで細かく彫った顔」というニュアンスです。「ぽっちゃり」は huggy です。「抱きしめたくなるほどかわいい」わけです。fat なんて言葉使ったら人間関係終わっちゃいます。「脂肪の塊」ですから。

9 最も偉大な -er とは？ － 気付いてましたか？

　-er は「人」を表します。teacher, mother, singer, player など知ってますね。この -er は、動詞のお尻にくっつけることで無限に活躍します。walker で「歩く人」、reader で「読む人」です。さらに形容詞を付けることで意味が広がります。slow walker で「歩くのが遅い人」となり、fast reader で「速く文字を読める人」となります。movie goer なら「映画ファン」です。では次を答えてください。それぞれ「どんな人」ですか？線で結ぼう！

quick learner　　big talker　　frequent beach-goer　　hard worker

良き理解者　　聡明な人　　勤勉な人　　ほら吹き　　海水浴好き

正解：　順に、聡明な人、ほら吹き、海水浴好き、勤勉な人

解説：　-er は人間以外にも「物・品」を表すことができます。ここが、-ian や -ist とは違う -er の偉大なところです。人間になったり、物にもなったりします。即興的に挙げると、earner「稼ぎ屋・ドル箱」、game-changer「それまでの在り方を変えるような革新」、carrier は「航空会社、空母」、flyer (flier)「ビラ」、bomber「爆撃機」、shooter「流星」、turner「目玉焼きなどをフライパンでひっくり返るへら」、time-killer や time-filler「時間稼ぎ」、appetizer や starter「前菜」、reminder「思い出させるもの」、bellwether「先導者」、spoiler「ネタばらしの記事」、

brain-teaser「とんでもない難問」、hair-raiser「ゾッとさせるもの」、hell-raiser「トラブルメーカー」、eye-catcher「目玉商品」。きりがありません。

　こうしてみると、-er は、「人間」のみを表すのではなく人間も含め、「何らかの作用、影響・効果・働きを発揮できるエージェントを表す」接尾語だと言えます。

　ここで面白い事実があります。人間社会をここまで進歩させてきた最高の功績者である「エージェント」とは何でしょう。脳みそ？そう、脳みそがなければ何の進歩もあり得ませんね。でも、不正解です。考えてみましょう。このエージェントがなければ、どんなに優れた脳みそも役に立ちませんよ。さて、何でしょう。それは、それは、それはですね、finger です。ほら、きちんと - er が入っているじゃないですか。finger というエージェントがいなければ、文明はありません。気付いてましたか？

10　cross the river・go west・go home in a box……何の意味?

次の表現はすべて同じ意味です。さて、何でしょう?

cross the river　　　go west　　　　go home in a box
come to dust　　　　pass away　　　become a body

正解：　死ぬ

解説：　日本語でも「三途の川を渡る」と言います。面白いのは「死」を表す方角は日本では「北」なのに、英語では west です。a box とは棺桶のことでしょう。be called to one's eternal rest、breathe one's last breath など、日本語同様たくさんあります。さて、「イラストにある turn up one's heels はどうやって生まれた表現でしょうか?」と生徒に質問し、話し合わせてみると面白いです。これは戦場で生まれました。後ろから拳銃で撃たれれば、heels は up したまま死ねます。bite the dust も同じように戦場で生まれました。戦死した兵士がうつ伏せになった姿を想像してください。その死んだ兵士は dust（土）を bite（噛む）しているように見えませんか? また、「（噛んでいるのではなく）土にキスをしている」と捉えた kiss the dust も同じ意味です。kick one's bucket なんてのも面白いです。絞首刑を想像してください。首に縄を巻き付けられてバケツの上に立った死刑囚のそのバケツ（bucket）を蹴っ飛ばしたら死刑囚はどうなりますか? おお怖! 「死ぬ」は

英語力強化編 10

Turn up her heels
（かかとが上向き）

pass だけでも文脈さえあれば通じます。上品な言い方に be laid to rest, rest in peace があります。rest in peace は、RIP と表現できます。そのままイニシャリズムとして「アーアイピー」と読みます。

故樹木希林さんの夫でロック歌手の内田裕也さんが亡くなった時に、葬儀で、喪主の娘さんが最後に弔辞の中でこう言ってました。Don't just rest in peace. Just rock-'n'-roll! と。「悠長にくたばってんじゃねぇよ。ロックンロールでぶっ飛ばせ！」とエールを送ったのでしょう。

177

11　何にでもぶつかる hit さん

　hit は「ぶつかる、衝突する、打つ、叩く」という意味で、誰でも知っている単語です。さてこの hit ですが実はいろんなものに「ぶつかったり衝突できる」のです。beach に hit すれば「海水浴に行く」となり、slope（坂・斜面・斜面）に hit すれば「スキーに出かける」となります。「新聞の第一面（front page）」を hit すれば「トップニュースになる」で、「道（road）」を hit すれば「出かける、旅に出る」となります。では、次はどんな意味でしょうか。選んでください。次を参考にして下さい。
　　hit the beach「海水浴に行く」　　hit the slope「スキーに行く」
　　hit the road「出かける」

hit the sheets　　hit the market　　hit the books　　hit the bottle

イ（商品が）市場に出る　　ロ ガリ勉する　　ハ 床につく
ニ 大酒を飲む

正解：　順に　ハ　イ　ロ　ニ

解説：　面白いですね、複数の本を hit すれば「ガリ勉する」ですよ。headline を hit すれば（hit the headline）「新聞の第一面を飾る」です。hit the ceiling（天井を hit する）は「かんかんに怒る」、hit town で「到着する」、the bricks（レンガ）を hit すると、「浮浪者などが街をウロウロする」です。なんか殺伐とし

た風景が浮かんできますね。バーで店員に hit me again. と言えば、「もう一杯くれ」となります。hit the spot は「これよ、これ！待ってました！」みたいな感じです。真夏にのどをからからにして帰宅すると、優しい奥さんがキンキンに冷えたビールをすぐに出してくれ、さっそく一杯一気にゴクゴクと飲んだ時に「クワ〜っ!!」と息を吐きながら口にするのが That really hits the spot! です。

　ところでALTと授業に向かうとき、私はよく Let's hit the road. と言ってました。一度、「さぁ、授業に行こうか」という意味で、Let's hit our students. と言ったところ、怪訝な顔をされました。通じなかったんでしょうね。と言うか、おそらく私のことを体罰教師と思ったことでしょう。トホホ。

　hit の面白いイディオムは hit it off「むちゃくちゃ馬が合う」や hit on~「ナンパする」「〜を思いつく」、hit back「やり返す」などです。

12　文句タレのカニとスーパースターの"-y"ちゃん

「カニ」は英語で crab（クラブ）です。蟹座の人は I'm a crab. と言ってください。ところでこの単語は「グチる人」「文句たれ」という意味を持ち、動詞では「グチる」「口汚くののしる」という意味を持ちます。では質問。なぜ crab にはこのような意味があるのでしょうか。班で話し合ってください。

正解：　カニが口からぶくぶくと泡を吹いている様子が、「いつも口から泡を吹くようにブツブツ文句ばかり言っている人」を連想させる。

解説：　英語は動物やフルーツや色などに人間のイマジネーションを組み合わせて新たな意味を作るのがとても上手です。urchin（**ア**ーチン）は「ハリネズミ」ですが、「わんぱくッ子」という意味を持ちます。あの鋭いイガイガがそんなイメージなのでしょう。「両生類」は amphibian（アン**フィ**ビアン）と言いますが、「二重人格者」という意味を持つのもうなずけますね。apple は「かわいらしさ」の象徴です。the apple of one's eye で「目に入れても痛くないほどかわいい」となります。lemon が「ポンコツ（車）」となるのは、「見た目は良くても中身は酸っぱくて食べられない」というイメージからのものです。ピンク色は「健康」の象徴です。「青」は「陰気な気分」を表し、「赤」はもちろん「怒り」です。see red で「かんかんに怒る」です。なお英語界では青には「卑猥」のニュアンスがあり、日

英語力強化編　12

本語ではピンクに当たります。この違いも面白いです。これらは教材化しやすく生徒のノリもとてもよく、イマジネーション力や推理力を鍛える素晴らしい題材です。また班活動にも適しています。ウェブを開けばすぐに調べられます。ぜひ取り組んでみてください。

　さてでは crab を形容詞にしてください。正解は crabby です。

　英語は –y で（ほぼ）全ての名詞を形容詞に変化させることができます。（この場合、b を加えていることに注意）

　この –y は英語ならではの大技者です。「〜のような」という意味を演出します。あらゆる単語のお尻にくっつけて形容詞を作るのです。英語はとにかく –y が好きです。私が愛読した中にJリサーチ出版「カジュアル（^^）イングリッシュ」があります。これには楽しい表現が網羅されており、ページがすりきれるまで繰り返し読みました。この一冊を読んでいるうちに気がついたのが、-y 形容詞の幅広さと意味の面白さです。とにかく –y 形容詞は若者の間でよく使われているようです。sunny, cloudy, rainy などは当たり前で、watery（水っぽい）、meaty（肉みたいな）、grassy（草ぼうぼうの）、leafy（葉っぱが多い）、heady（のぼせるような）、doggy（気取った）、furry（毛の多い）など何でもござれです。ではえりすぐりの単語をクイズ形式で載せます。

1 bossy　　2 bumpy　　3 weedy　　4 fishy　　5 crappy
6 lousy　　7 cheeky　　8 huggy　　9 wishy-washy
10 cheesy

a ヒョロヒョロの　　b 生意気な　　c ぽっちゃりしている

181

dうさんくさい　eとってもいやな　fよく揺れる
g安っぽい　h優柔不断な　i汚らしい　jいばる

正解　1j　2f　3a　4d　5i　6e　7b　8c　9h　10g

　でもご覧の通り、原義を知っていれば、なんとなく意味は分かるものが多いです。たとえば、lousy は louse（シラミ）が原義で、crappyは crap「くそ」、weed は「雑草」ですから。原義を教えてやれば、生徒に対しても良い教材になります。イメージによる言葉の意味の広がりを学習することができます。
　ところでこの –y で終わる「……ー」は日本語でもよく使われます。ほら、グリコのベストセラー、「ポッキー」（Pocky）ですよ。「ポッキー」は、前歯で勢いよく噛み砕いたときのあの心地よい「ポキッ!!」「ポッキン!!」という音を元に付けられたのだとウェブに出ています。しかし「ポキッ」、「ポッキン」では少し乱暴な感じがしたのでしょう。それで –y で終わらせて、「ポッキー」とかわいらしい響きを持たせたのだと思われます。
　また類似したものに –ish があります。「だいたい〜」「〜みたい」「〜っぽい」「〜的」「〜な感じ」という「曖昧さ」を演出する語尾で、どんな名詞にもくっつきます。「この赤ちゃんのホッペはリンゴのように真っ赤っかだ」は This baby's cheeks are apple-ish. や、This baby's cheeks are redish like an apple. でOKなのです。「4時半頃行くね」は I'll be there at 4:30-ish. で良いのです。I think she's 40-ish.（彼女は40歳くらいなんじゃない）、She's Gaga-ish.（彼女、ガガっぽいね）、She made a catish expression.（彼女は猫みたいな表情をし

た）など万能なのです。ぜひ使えるようになりたいものです。

13　オリジナルの英文を生徒に読ませよう！
― 教師の力量が問われます

英文を読んで、何の説明なのか答えを出してください。

I am a simple, round-headed doll made of paper or cloth. I am used as a kind of charm to push away rainy weather and bring in fine weather. Small children hang me out on the edges of eaves and hope that their athletic meetings or school trips will come true.

正解：　てるてる坊主

解説：　オリジナルの英文を読ませて、正解を推理させる、私お気に入りの問題です。この種の問題の作成のこつは、まず、シンプルな英文の中に、二つ三つ、生徒が絶対に知りそうにない単語を混ぜてやることです。わざと生徒の集中力をそぐような仕掛けを入れることです。つまり、生徒の集中力に負荷をかけてやるわけです。この英文で言うと、charm, edge, eave（s）などです。おそらくどの生徒にも意味は分からないでしょう。でも大切なのは、分からない単語があっても諦めずに読み進める一つの精神力です。その上で正解が取れれば、その喜びはひとしおです。そして答え合わせが終わった後に、それらの意味を推理的に考えさせます。例えば edge（s）は「端っこ」と教えてやります。そして eave（s）の意味を推理させるのです。すると eave は「軒先」だ！と正解できる生徒は必ずいます。正解を取った生徒だけでなく、正解を取られた教師もまた嬉しく

なっちゃいます。これが自主教材の素晴らしさです。こつのもう一つは、題材は生徒が知ってはいても、なかなか日常的に話題にならない微妙なものを選ぶことです。私はこれまで、出題文の「てるてる坊主」の他に「朝顔」「筑前煮」「ニガウリ」「リュウグウノツカイ」「ツタンカーメン」「仮面ライダー」などを出題しました。自分で英文を作っていく楽しさは何物にも代えられません。また自主教材のメリットは、自分の裁量で狙いたいところをピンポイントに狙えるところです。

英語を苦手にしている生徒の共通点はいくつもありますが、「知らない単語を見たとたんに心が折れ、それ以上前に進めなくなる」ところです。民間の会社が大勢の生徒のために作った教材より、教師自ら作成した教材の方がよほど生き生きしています。その魅力と工夫で、生徒に英語に食いつかせましょう。「英語は嫌いですが、先生の授業は好きでした」という生徒のフィードバックは、ますます私を鼓舞します。

さて、次は何のことでしょうか。英文はもちろん、100％自作です。

Tailgating has been causing a lot of problems lately in Japan. It is to drive just behind a car running ahead of you and repeatedly speed up and slow down, making its driver feel hyper-nervous and terrified. Last year, a couple were killed in a traffic accident on an expressway in Kanto region, leaving three children parentless.

Something must quickly be done to prevent people from being the victims by tailgating.

A：あおり運転

ちなみに「軒先」eave を使った eavesdrop ってどういう意味だか知っていますか？「立ち聞きする」です。drop は「雨粒」のことです。ほら、雨がしとしと降っていて、たまたま雨宿りに来た怪しい人物が耳を壁にくっつけてじっと中の様子をうかがっている感じですよ。日本語では作りようのない単語の作り方をするのが英語です。こんなことを知っていることは教師として得ではないですか？

　授業で使える題材、単語などはどこにでも転がっています。それを教材として拾えるかどうか、そしてきちんとした教材にまで昇華できるかどうかは教師の力量次第です。

14 位置関係を表す語句たちよ、頑張れ！
　― 生徒に何を伝えるための教材なのか、目的・目標を見失わないこと！

　[　]の中の英単語を日本語に換えて、成立する漢字を答えてください。in, on, over, below …など、「位置関係」を慎重に判断してください。

1 [stand] on [a tree]，and [see] on the right：
2 [say]，and [correct] on its right：
3 [a tree] on the left and the [east] in [a gate]：
4 [power] on the bottom of [rice-field]：
5 [a day] on the left, and [a day] under [stand]：
6 [a ball] in the middle of [a big mouth]：
7 [fish] beside [sheep]：
8 [bright] on the top of [a dish]：
9 [three powers] next to [ten]：
10 [a big car] over [two small cars]：
11 [white] below [a wing]：
12 [fire] above [fire]：
13 [a woman] between [two men]

[difference] on the bottom of [rice]

正解： 1 親　2 証　3 欄　4 男　5 暗　6 国
　　　 7 鮮　8 盟　9 協　10 轟　11 習　12 炎　13 嬲

解説：　我ながら良くできた問題だと思っています。これは特に、位置関係を表す語句に重点を置きながら作成したものです。bottom や in front of や down などの語句にフルに活躍してもらってます。生徒の語彙力によっては相当高度な問題作成も可能です。

　さて、13番の「嬲」ですが、「なぶる」と読みます。「なぶり殺しにする」という言い方をたまに聞きますね。「なぶり殺す」とは「相手を一撃で殺すのではなく、苦しませながら少しずつ殺していくこと」です。意味もさることながら、この漢字ときたら……初めてこの漢字を知ったとき、ぶっ飛びました。

女が一人、二人の男に挟まれているじゃないですか。これはまさにレイプをイメージさせますよ。これはひどい！そんなふうに私は授業を広げていくのです。「よめ・けんお・めめしい・ごうかん・しっと」を漢字で書きなさいと。「嫁」— あきらかに、「女は家で家事と子育てだけやってろ！という意味。「嫌悪」— 人間どうしが嫌い合えば、そりゃ、戦争に行き着くでしょう。「女々しい」—「男らしくない男」を女々しいといいます。これってトランスジェンダーの人からすると、どんな気持ちになるのでしょうか。「強姦」—この漢字には女性が3人います。女性を3人レイプしてやっと強姦が成立するというのでしょうか。「嫉妬」—これは、自分より優れた相手を、自分は努力せずに力ずくで引きずり落とそうとする感情です。「嫉妬」の「嫉」の右側は「疾病」の「疾」です。病気という意味です。「嫉妬」の「妬」は石のような女という意味でしょうか。

　ひとしきりそうした話をした後、私は生徒にこう質問するのです。「さて、では、漢字を発明した人は男でしょうか、女でしょうか」と。生徒は100％、「男」と答えます。当たり前です。もし漢字を作ったのが女性なら、こんな差別的な漢字を作りませんよ。こうやって私は性差別の授業へと入っていくのです。

　女性を巡る厳しい状況は世界的に今でも深刻です。インドやパキスタンでは、今でも女性は悲惨な立場にあります。インドでは「ダウリ」という習慣があって、女性が嫁入りする際の男性側への支度金のことです。このダウリの額が少ないからと、男性側の親戚も含めた一族から花嫁は殺されることがあるのです。親が勧めた男性との結婚を断り、違う男性と結婚したために親から殺された、なんて事件はめずらしくない事です。しか

もその殺し方が尋常ではないのです。煉瓦や石で撲殺する、ガソリンをかけて火を付けて焼き殺す、しかも白昼堂々と警察署のごく近くで。これらの国では、女性は庇護者（子どもの頃は父親、結婚してからは夫）の許可がなければ外出もままならないとされています。サウジアラビアでは今やっと女性にも自動車運転免許取得が認可されようとしているのです。

しかしそんな事実も含みながら現在、女性の権利や自立を巡る動きが大きなうねりとなって世界を席巻しつつあります。#MeToo の運動はその最先端を走ります。こんな事実もしっかり生徒にぶつけ、確かな知識として身につけさせたいものです。

人権問題を他人事でなく、自らの課題としてとらえることができる生徒の育成。教師にしかできません。責任重いです。

15 意外な意味を持つ基本語たち
― I am owed 10,000yen が訳せますか？

意外な意味を持った易しい単語の特集です。下線部に使われる単語を選んでください。

① 「今日スピード違反でさ、違反切符切られちゃったよ。ったく、ついてねぇ」
② 「お父さん、庭に水をまいて！」
③ 「あなたは玄関を掃除して。私は台所受け持つから」
④ 「気をつけて！　あなた、あの男に狙われてるから」
⑤ 「奴のドリンクに薬物を混入しろ」
⑥ 「君はどこの銀行を使っているの？」
⑦ その事件はすぐに新聞の一面に載った。
⑧ このホテルは最高500人まで宿泊可能だ。
⑨ 「角田は今日は休むそうだ。だれか穴埋めできるか？」
⑩ 「ブレイクしたいなら、もっとずんずん前に出て売り出さなきゃ」

ア bank　　イ cover　　ウ eye　　エ house　　オ push　　カ run
キ water　　ク doctor　　ケ man　　コ ticket

正解：　①コ　②キ　③ケ　④ウ　⑤ク　⑥ア　⑦カ　⑧エ　⑨イ　⑩オ

解説：　意外なモノばかりです。doctor には「不正な手を加える」「改ざんする」という意味があります。おそらく、診断書やカ

ルテをいい加減に書いたり嘘を記入した不心得者の医者がいて、そこからこんな意味ができたのでしょう。日本にも「やぶ医者」がいますよね。また、「銀行はどこを利用してる？」は Where do you bank? と言います。⑨の cover は cover for 〜 の形で使います。⑩は push oneself out there の形です。どれもこれもハイスクールイングリッシュではまず出てくる表現ではありませんが、知ってて得するものばかりですし、生徒のイマジネーションを刺激する楽しい題材です。

　基本単語は大切です。でも基本単語ほど日本人は使えないのではないかと思います。では試してみましょう。以下、日本語にしてください。

① Are you game?：（ゲームや賭けなどを）君もやってみるかい？

② The news broke.：ニュース速報です

③ Get on!：急げ！

④ I must run these documents by noon.：正午までにこの文書を完成しなきゃ

⑤ My boss can't spare me.：うちの上司は私なしではやっていけない

⑥ I am owed 10,000 yen.：俺は1万円返してもらう権利がある

⑦ He started in fear.：彼は恐怖にぎょっとした

⑧ She is growing on me.：ますます彼女のことが好きになる

⑨ The people prayed for the fallen.：戦死者のために祈りを捧げた

⑩ What's your take?：君の意見を聞きたい

エクストラクイズです。全部動詞です。意味を当ててください。

① put ② book ③ coin ④ count ⑤ weather
⑥ ship ⑦ season ⑧ nuke ⑨ swim ⑩ post
⑪ dog ⑫ milk ⑬ sentence ⑭ fry ⑮ cook
⑯ grill ⑰ dump ⑱ recognize ⑲ spoon ⑳ fine
㉑ rain ㉒ stand ㉓ sit ㉔ air ㉕ corner
㉖ people

a 住まわせる　　b 尋問する　　c つきまとう　　d 放送する
e 投稿する　　f 思う　　g 新しいことばを作り出す
h 輸送する　　i 味付けする　　j 電子レンジでチーンする
k めまいがする　　l 刑を宣告する　　m しぼり取る
n 疲れ果てる　　o 予約する　　p でっちあげる
q 落ちてくる　　r 罰金を科す　　s いちゃいちゃする
t 表彰する　　u 振る　　v 風化する　　w 独り占めする
x 有効である　　y 言う　　z ～に位置する

正解： ① y ② o ③ g ④ f ⑤ v ⑥ h ⑦ i ⑧ j ⑨ k ⑩ e
⑪ c ⑫ m ⑬ l ⑭ n ⑮ p ⑯ b ⑰ u ⑱ t ⑲ s ⑳ r
㉑ q ㉒ x ㉓ z ㉔ d ㉕ w ㉖ a

How wonderfully put!で「素晴らしいお言葉です！」になります。I count him as stupid.「やつは愚か者だ」となります。weatherは「天気」です。動詞の時は「風化する」となります。

なんとなく分かりますね。「雨、風雪に耐える」という意味合いです。seasoning なら「調味料」、nuke は nuclear（核）から来た単語です。swim は「泳ぐ」ですが、日本語でも「目が泳ぐ」と言いますね。post は多義語で、上記以外にもたくさんの意味を持つ便利な単語です。I'm fried. で「ヘトヘトだ」となります。cook（up）the books で「帳簿をごまかす」です。gril は「直火で網焼きする」ですから焼かれる魚の気分になってください。「厳しく尋問されてどんどん苦境に陥っていく」さまがイメージできますよね。He dumped me. は「彼に振られちゃった」となります。ダンプカー（dump car）は土砂を捨てるトラックですよね。recognize を「認識する」とばかり覚えていては心もとないです。spoon はこのような意外な意味があります。They are spooning.（＝They are spoony.）などと言います。恋人どうしが、スプーンに盛ったアイスクリームを「ア〜ンして！」なんてイチャイチャやっているシーンを想像してください。A wave of severe criticism rained down on the politician. で「激しい批判が次々にその政治家に投げつけられた」です。雨粒が激しく軒をたたく感じです。stand は、I hope their tactics will stand at least until we graduate.（あの人たちの作戦が卒業までは効力を発揮してくれたら良いな）みたいな感じです。sit は「じっとそこにある」というニュアンスです。The Great Pacific Garbage Patch sits between Hawaii and California（太平洋ゴミベルトはハワイとカリフォルニアの間にある）。densely peopled area で「人口密度の高い地域」です。

　教師もたくさん単語を覚えましょう。基本単語ほど驚きと感動がありますよ。表現力も間違いなくアップします。

16 どこで間（ま）を取る？
― 間違った英語の学び方に気がついたのが何と！大学時代!!

英語を読んだりしゃべったりするとき、不適切な箇所で息継ぎをしたり止まったりするのはいけません。きちんと意味が理解できないし、相手にきちんとした意味が伝わらないからです。日本語でも、「おれき／のう、てれびとかでひょ／うばんのよ／かったれいのえい／がをみにいっ／たんだけ／ど……」。どうですか？読んでいてイライラしませんか？「意味の塊」以外の箇所で間（ま）を置くと、それはもはや言語として意味の通じない、文字の単なる羅列になってしまいます。きちんと「おれ／きのう／てれびとかでひょうばんのよかった／れいのえいがをみにいったんだけど……」となるべきです。特に英語を読む時は気をつけなければなりません。では質問です。

①次の英文で、間（ま）を取って構わない箇所に斜線（／）を入れてください。3本入れてください。

I hear that people in America don't take off their shoes when they go into their homes.

② What time do we eat mother? という英文があります。
問ア　この英文の意味は、「お母さん、何時に食事？」です。ではどこで（間）を取るべきですか。／を入れてください。

問イ　間（ま）を取らずに一気に読むと、「とても恐ろしい意味」になります。ではどんな意味になりますか。

正解：　①I hear ／ that people in America ／ don't take off their shoes ／ when they go into their homes.
　　　②ア：　What time do we eat ／ mother?
　　　　イ：　何時にお母さんを食べようか

解説：　英語はいかに学びいかに身につけるべきものであるかをシンプルに伝える問題でもあります。「目を左から右へ」、です。同時通訳は現代の魔術とも言われますが、日本語と英語間で可能なのもこの要領が生きているからこそです。①の I hear を「～～～～だと聞いています」でなく、「聞くところによると～～～～」と訳すのです。①の英文なら、「聞くところによると／アメリカの人はですね／脱がないのですよ靴を／どんな時って、家に入るときにですよ」という理解の仕方です。

　私が英語の正しい学び方を知ったのは、大学に入ってからでした。それはただ当たり前に、「英語とは目を左から右に動かし読む」「英語が耳に聞こえた順番に理解していく」ということです。ここに至って初めて私は本当の意味で英語と出会うことができたのです。不幸なことでした。

　では高校時代は？私に英語を教えてくれた英語教師はまさに英文法と和訳の人でした。英文という英文はすべて文法的に説明をして和訳していました。そういう教師に英語を教えられ、私が身につけたのは文法力と何でもかんでも和訳しようとする意欲だけでした。少なくとも高校時代にそうでない英語学習法を教えてくれた教師は一人もいませんでした。私はごく自然に彼らの教えることを英語の勉強であると思い込まされていたわけです。そこに何の疑いもありませんでした。

　今から英語教師を目指す人には正しい英語の学び方を子ども

たちに伝えてほしいと思っています。英語の正しい学び方とは、ネイティブが英語を理解する方式と全く同じものです。音声が聞こえてきたとおりの順番で理解し、アルファベットが並んでいるその順番で英語（英文）を理解するというごく当たり前の方法です。和訳行為は英語力強化に寄与しません。全く別物です。目は無原則に前後上下し、しかも和訳する度に目の動きが異なるものです。これが音声になれば、全くお手上げです。

　この日本社会の中で英語を教えることの困難さは分かっています。しかしやらなければならないのが使命です。最大の努力をして、英語を英語のままに理解する力を少しでも生徒には身につけさせましょう。スラッシュリーディング、スラッシュリスニング、速写、シャドーイング、ディクテーションなどと具体的方法はいくつもありますが、英語を教えるからにはどこまでも理想（ゴール）は貫きたいものです。

17　鶴首型物資高所運搬重機？
－ 先生、なんで俺ら英語を勉強せないけんの？

「鶴首型物資高所運搬重機」って何のこと？日本語と英語両方で！

正解：　　日本語：　　クレーン　　　　英語：crane

解説：　　工事現場のクレーンと「鶴」を結びつけてやるだけでも生徒は「ヘェ～ッ！」です。そして例えば次に、こう続けてください。①「AI」を漢字で書きなさい。②「ブルドーザー」を漢字だけで言い換えなさい。③「サッカー」を漢字に換えなさいと。正解は、①は人工知能、②はどうなりますか？「帯状鋼板装備土砂大量処理用重機」、そして③は「蹴球」です。そして生徒に考えさせてください。「私（授業をしている角田自身）は一体何をあなたたちに伝えようとしているのだろう？」と。
　　　　英語の苦手な生徒は必ずこう問うてきます。「先生、何で俺たち（うちら）は英語を勉強せんといかんと？」と。
　　　　さて、私たち英語教師はこの問いに対してどのような返事を返せるでしょうか。
　　　　一説には、複数の言語を操ることができる人は、一つしかできない人より論理的な思考ができる力を身につけることができる、いろいろなことに知的に積極的な反応ができるようになる、などとありますが、たとえ事実であっても、これらは生徒にはなかなか理解できない類いのものでしょう。生徒にはもっと現実的なことを伝える必要があると思います。私は次のように考えます。

スーパーで買い物をしているとお腹が空いたので何かを食べようと適当な場所を探していたら「フードコート」という看板が目に入りました。しかし、「コート」を「テニスコート」の「コート」としか認識できていない人はまた別の場所を探し回らなければなりません。しかし「コート」には「何らかの空間」「庭」という意味があることを知っている人は迷うことなくそのフードコートでお弁当を広げて空腹を満たすことができます。

　コンサートに行こうとしてそのチケットを買うためにウェブを開くと、SOLD OUT という表示がありましたが、意味が分からないのでそのままパソコンの操作を続けましたが、何度やっても全くらちがあきません。終いには自分のコンピューター操作力に歯がみしてかんしゃくを起こしてしまいました。それは SOLD OUT が「売り切れ」の意味だと分からないからです。意味を知っている人はとっくにあきらめて、その後はもっと有意義なことに時間を使うことができます。

　日本社会はもはや英語抜きでは成り立ちません。どんどん英語が私たちの生活に取り込まれています。ちなみに現在勤務する高校で使用している英単語帳のあるページでは、10個の単語のうち、9個までがすでに日本語化されている単語でした。出題文にあるように、クレーン車を「鶴首型物資高所運搬重機」と表現するしかないなら、サッカーを「蹴球」と書く以外に方法がないなら、またエレベーターを「箱形垂直自動昇降機」と言う以外にないなら、私たちの生活はどんなに不便で無駄が多いことでしょう。また、2019年1月中旬当時の国内ヒットソングをウェブで調べてみると、トップ10中、7つが英語のタイトルでした。トップ5は何と、全て英語でした。こういう現実からも分かるように、英語を学ぶということは私たちの生

活を効率よく、そして楽しく過ごさせてくれる円滑剤を手に入れるということなのです。

　また、こうも言えます。知らないことが多い生活とは、暗闇の中を手探りで生きていくようなものです。英語のできない人がいきなりニューヨークで生きていくことができるでしょうか。きわめて危険であり、不安定な生活です。悪い人に身ぐるみをはがされるかもしれません。当然、知っていることが多い人生のほうが安全であり、便利であり豊かであり、満足感の多い生き方です。教師だってそうです。生徒から「先生、クマノミは英語で何と言うのですか？」と質問されて、「clownfishだ！」と即座に答えられるのと、「うーん、分からん。今度調べてくるね」と答えるのとでは、教師にとってどちらに充足感があるかは言うまでもありません。生徒にとっても欲しかった情報がその場で得られるんですから一挙両得です。また Keep out という表示があれば、「その中は危険である」という警告です。知らなければけがをしてしまうかもしれません。

　英語を学ぶとはこれからの日本社会を生き抜くための大切なツールを身につけるということでもあります。私が授業の中で、生徒の生活の中で「英語として認識されていない英語」を、本物の英語として再認識させる取り組みを実践しているのも、まさしくこれです。LGBTQ や #MeToo を取り上げ、生徒に議論させるのも同様です。英語を学び英語を通じて、力強く賢く安全で豊かな人生を送って行く力を身につけてほしいからこその取り組みです。

　「英語が苦手でもいい。英語は嫌いでもいい。ただ、英語を拒否したり、その意義恩恵を否定するようなことはしてはいけない。英語をリスペクトして欲しい」と私は生徒に伝えます。

18 「Z」の世界 − 目指すべきゴール、そして謙虚さ

さて、弊本も締めくくるときが来ました。そこでアルファベットの「Z」の出番です。それではZを持つものを集めてみましょう。
① 最強のロボットは？
② 超人気ヒーローは？
③ 日産の高級スポーツカーは？
④ 人気女性ユニットは？
⑤ 初代ウルトラマンを葬った最強怪獣は？
⑥ すなわち「Z」の意味は？

正解：　①マジンガーZ　②ドラゴンボールZ　③フェアレディZ
　　　　④ももいろクローバーZ　⑤ゼットン　⑥究極、極め

解説：　アルファベットの最後を飾るのはZです。アルファベットではZの後には何もありません。すなわちZは「大詰め」「極め」「無限」「未知」などの意味を表すのです。「Z会」という大手通信教育会社は有名です。昔、北九州市小倉北区に「ラーメンZ」という屋号のラーメン屋がありました。むちゃくちゃまずいラーメンでしたので、「究極にまずい」という意味のZだったのでしょう。

　　　大分に本拠を置くホテルに「ホテルAZ」があります。これもまた目覚ましい勢いで九州を中心に店舗を広げています。ところでなぜ「AZ」なのかです。疑問に思い、自分なりに考えた後、本社の部長さんか誰かに直接電話をかけ、見解を聞いた

ことがあります。

　Aとはアルファベットの一番手で、Zは最終ランナーです。「AZ」と命名すれば、その間にBからYが含まれることになります。そしてAとZの意味です。アルファベットのAは一番手であるので、「最高級」という意味を持ちます。straigh-A student は「優等生」、grade A cheese で「最高級チーズ」、get A in math なら「数学で最高成績」です。一方Zは前述通り、「極めつけ」という意味です。

　つまりこういうことです。「最高級を意味するAと究極を表すZの間にBからYまでの24文字を挟み込む。これらは食事・快適さ・接待の質・料金・立地などさまざまなサービスを表す。しかもどれをとっても極上のものばかりを提供している。それがAZのコンセプトである」。そのような見解を私が告げると、相手の部長さん（だったと記憶していますが）も概ね同意してくれてました。

　実に楽しい知的追及でした。そしてこのようなことを追及する自分自身を誇らしく思っています。やはり「英語が好き、英語に通じたい」という強い思いが突き動かした行動です。私はいろいろなことに疑問を持たせ、追及する意欲を与えてくれる英語の力に感謝しています。

　壮大な人類地球歴史教育家のクリストファー・ロイド氏は言います。氏は、概ね9歳から11歳までの世代を the generations of peak curiosity（好奇心のピーク世代）と呼びます。「人間は何のために生まれるの？」「人間は死んだ後どうなるの？」という、深い疑問を持ち始める世代のことです。ところが多くの人間は、この peak curiosity を、毎日の生活の雑事の中で失っていきます。高校受験、大学受験、就職選び、結婚、

育児、定年後の不安……。でも、peak curiosity を一生持ち続けられる人もたくさんいるのです。そしてロイド氏は言います。「そういう人を多く育てることこそ、教育の仕事である」と。日本人はたくさんのノーベル賞を受賞してきた民族ですが、そのほとんどが「老齢期」と言ってよい世代の人たちです。学び続けた結果ですよ。私たちも謙虚に学び続けましょう。学び続ける中で、アッと驚く発見、感動、喜び、更なる探求心が生まれます。どうせ一度の人生です。「良く」生きましょう。

　最後に。Hallo Day というスーパーが北九州を中心にぐんぐん店舗数を増やしています。HalloのつづりがHelloではなくaとなっているのは、子どもにも分かりやすくするためです。発音が「ハロー」だからHalloとしたほうが子どもには覚えやすいからです。将来のお得意さんは現在の子どもですから。これも Hallo Day の大戦略なのです。さて、私の家の近くの Hallo Day に行ったある日のことです。店内案内図に、精肉売り場は MEAT HOLE、魚売り場は FISH HOLE と表示されています。私はそれを発見した時、心の中でにんまりしました。「おっ！ハローデイともあろう大会社が、HALL とすべきところを HOLE と表記ミスをしている。しかも hole には"欠陥"なんて意味もあるというのに。これは面白い。店長に恥をかかせてやろう！」とほくそ笑んだのです。しかし念のためにウェブで調べてみて、ホッ！と胸をなで下ろしました。ハローデイは全て承知の上で、誇りを持って HOLE という単語を使っていることが判明したのです。

　昔、人間は地面に穴を掘って食品を貯蔵し、穴を冷蔵庫代わりに利用していたというのです。そう言えば、現代でも台所の床下に食物を貯蔵する習慣はありますよね。ハローデイは「当

店を自宅の冷蔵庫代わりのように気軽に利用して欲しい」というコンセプトを持って運営されていたのです。それで敢えてHOLE（穴）と表示したのです。

　私は命拾いしました。あのまま店長に電話していたら、私の方が大恥かいていました。なまじっか英語と関わっている分、なおさら恥ずかしい思いをしていたと思います。

　私もそうです。人間は知らないことだらけ。豊かでみずみずしい人生を手に入れるために、謙虚な気持ちで今後も英語を学び続けようと思います。

〈参考文献〉

「CNN English Express」 朝日出版社
「ネイティブ英語講座」 小山内大著 サンマーク出版 2010
「英語生活力検定」 小山内大著 大修館書店 2009
「英語生活力検定2」 小山内大著 大修館書店 2009
「これ、英語でなんて言う?」 高橋基治著 中経出版 2012
「EVER WONDER WHY?」 Douglas B. Smith Ballantine Books
「語源でなっとく最頻出イディオム」 マーヴィン・ターバン著 IBCパブリッシング株式会社 2012
「絶対使える カジュアルイングリッシュ」 山崎祐一著 Jリサーチ出版 2011
「クイズで覚える 英語イディオム520」 牧野髙吉著 東京堂出版 2008
「アメリカ人なら小学生でも解ける英語クイズ」 佐藤誠司 小池直己著 小学館 2010
「大人の英語力が面白いほど身につく!」 小池直己 佐藤誠司著 青春出版社 2013
「英語ネイティブ度判定テスト」 小池直己 佐藤誠司著 大修館書店 2009
「英語パズル・雑学教材 128」 吉田文典著 明治図書 1999
「英語三択クイズ&○×クイズ1500」 吉田文典著 明治図書 2007
「アメリカ面白事典」 小黒昌一 創元社 1982

著者プロフィール

角田　竜二（つのだ　りゅうじ）

1961年大分県生まれ。現在福岡県立行橋高等学校勤務。2019年3月までは福岡県立折尾高等学校勤務。十数年前から授業で、「英語講座」と銘打って、英語の楽しさや奥深さ・驚きの事実などを自主教材として実践。しゃべることが好きで、現在バナナの叩き売りの講習を受講中。TOEIC905点。実用英語技能検定1級取得。趣味は読書。好きなジャンルは歴史小説で立花宗茂の大ファン。

英語が10倍面白くなる授業のネタ帳

2019年12月15日　初版第1刷発行

著　者　　角田　竜二
発行者　　瓜谷　綱延
発行所　　株式会社文芸社
　　　　　〒160-0022　東京都新宿区新宿1－10－1
　　　　　　　　電話　03-5369-3060（代表）
　　　　　　　　　　　03-5369-2299（販売）

印刷所　　図書印刷株式会社

©Ryuji Tsunoda 2019 Printed in Japan
乱丁本・落丁本はお手数ですが小社販売部宛にお送りください。
送料小社負担にてお取り替えいたします。
本書の一部、あるいは全部を無断で複写・複製・転載・放映、データ配信することは、法律で認められた場合を除き、著作権の侵害となります。
ISBN978-4-286-20937-1